新时代新理念职业教育教材·城市轨道交通类
“互联网+”融媒体立体化教学资源新形态教材
“模块化+活页式”校企合作特色教材

城轨车辆检修综合实训

主　编　何劲辉　李小英
副主编　钱　靖　周　珩
参编者　党海涛　张仕华
主　审　李可锋

北京交通大学出版社
·北京·

内 容 简 介

本书是为了全面培养城市轨道交通车辆检修人才而编写的，由来自高等院校、科研机构及一线企业的众多专家与技术人员共同完成。

本书在总结和吸收目前城市轨道交通发展的最新技术及国家发布的相关规范标准的基础上，以城轨车辆均衡修作业为核心内容，结合教育部颁布的城市轨道交通车辆技术专业的教学标准，设计了6个实训项目，先让学生认识钳工工具的作用并学会使用钳工工具，为后面的检修任务奠定基础；然后对塞拉门、空调机组、受电弓、转向架进行检修，最后介绍整车里程检虚拟仿真。在检修过程中，融入了最新的技术标准、行业规范及实际案例，旨在通过实践操作加深学生对城轨车辆检修工作的理解和掌握。

在内容安排上，本书既注重理论知识的系统性，又强调实践技能的可操作性，并融入职业素养培养的内容，可作为城市轨道交通车辆检修课程的实训教材，也可作为在职人员的培训教材。

图书在版编目（CIP）数据

城轨车辆检修综合实训 / 何劲辉，李小英主编. -- 北京：北京交通大学出版社，2024.11. -- ISBN 978-7-5121-5387-5

Ⅰ. U279.3

中国国家版本馆CIP数据核字第2024Y7R119号

城轨车辆检修综合实训

CHENGGUI CHELIANG JIANXIU ZONGHE SHIXUN

策划编辑：张　亮
责任编辑：陈跃琴
出版发行：北京交通大学出版社　　电话：010-51686414　　http://www.bjtup.com.cn
地　　址：北京市海淀区高梁桥斜街44号　　邮编：100044
印 刷 者：北京虎彩文化传播有限公司
经　　销：全国新华书店
开　　本：185 mm × 260 mm　　印张：11.75　　字数：272千字
版 印 次：2025年1月第1版　　2025年1月第1次印刷
定　　价：59.80元

本书如有质量问题，请向北京交通大学出版社质监组反映。对您的意见和批评，我们表示欢迎和感谢。
投诉电话：010-51686043，51686008；传真：010-62225406；E-mail：press@bjtu.edu.cn。

前言

在21世纪的今天，城市轨道交通作为现代城市公共交通体系的重要组成部分，其安全、高效、环保的特点日益凸显，成为推动城市可持续发展的重要力量。随着我国城市化进程的不断加快，城轨网络规模迅速扩张，对城轨车辆的维护与检修工作提出了更高要求。为了适应这一发展趋势，培养更多高素质、高技能的城轨车辆检修专业人才，我们用深入浅出的语言和丰富的实例，编写了《城轨车辆检修综合实训》一书。

本书旨在为城轨车辆检修领域的教育与培训提供一本系统、全面、实用的教材。本书不仅涵盖了城轨车辆的基本结构、工作原理，还详细介绍了车辆各系统（如车门系统、转向架系统、受电弓系统等）的常见故障诊断与维修技术，以及现代化检修管理的理念与方法。我们力求通过本书帮助读者掌握扎实的理论基础，同时提升实际操作技能，为保障城轨交通的安全运营贡献力量。

本书以城轨车辆均衡修作业为核心内容，设计了6个项目，旨在通过实践操作加深读者对城轨车辆检修工作的理解和掌握。

项目1“城轨车辆检修基础训练”：介绍个人防护用品的作用及正确穿戴方式；常用测量工具的用法、保养方式；常用电工工具的使用规范和基本操作技巧；常用钳工工具的使用规范和基本操作技巧。通过实际操作训练，为后续的检修工作打下坚实的基础。

项目2“塞拉门系统检修”：读者将塞拉门驱动部件和传动部件的结构，学会电控塞拉门的门机构接线，具有车门安装能力，具有调节车门V形尺寸、前摆尺寸、后摆尺寸、下摆尺寸等参数的能力，确保门的密封性和稳定性。本项目涵盖了塞拉门系统的全面检修内容，通过实际操作训练，加深读者对塞拉门系统检修的理解。

项目3“空调机组检修”：读者将学习空调机组的基本组成和工作原理，了解各部件的功能和相互关系。通过实际操作训练，使读者掌握空调机组常规检修的步骤和方法，包括清洁、检查、更换零部件等，确保空调机组的正常运行和性能稳定。

项目4“受电弓系统检修”：读者将学习受电弓的基本组成和工作原理，了解各部件的功能和相互关系。通过实际操作训练，使读者掌握受电弓的常规检修步骤和方法，确保受电弓的正常工作。

项目5“转向架系统检修”：读者将学习受电弓的基本组成和工作原理，了解各部件的功能和相互关系。通过实际操作训练，使读者掌握转向架的常规检修步骤和方法，包括轮对尺寸测量及重要部件常规维护作业，确保转向架的正常运行和车辆的安全稳定。

项目6“整车里程检虚拟仿真”：读者将利用计算机上的虚拟仿真软件，按照标准流程，对城轨车辆进行里程检作业，通过在虚拟环境中的操作训练，提高自己的规范操作能力、故障识别能力、数据记录能力，为未来的实车检修奠定基础。

本书的编写汇聚了来自高等院校、科研机构及一线企业众多专家与技术人员的智慧与经验。在内容安排上，既注重理论知识的系统性，又强调实践技能的可操作性，力求理论与实践相结合，使读者能够学以致用。此外，书中还融入了最新的技术标准、行业规范及真实案例，让读者紧跟行业发展步伐，适应未来技术变革需求。

本书由四川铁道职业学院何劲辉、李小英担任主编，四川铁道职业学院钱靖、周珩担任副主编，中车四方轨道车辆有限公司党海涛、成都中车轨道装备有限公司张仕华参与部分编写工作，天津中车四方轨道车辆有限公司李可锋担任主审。具体分工如下：何劲辉编写项目2，李小英、党海涛编写项目1、项目3，周珩编写项目4，钱靖、张仕华编写项目5、项目6，何劲辉负责统稿。

本书适合城市轨道交通车辆相关专业的师生使用，同时也可作为城轨车辆检修从业人员的培训资料，还可作为对城轨车辆技术感兴趣的读者的自学参考书。我们希望，通过本书的学习，每位读者都能在城轨车辆检修领域获得新知，提升能力，为我国城市轨道交通事业的发展作出自己的贡献。

在此，衷心感谢所有参与本书编写、审阅及技术支持的专家与同仁，正是大家的共同努力，才使得本书得以顺利完成。我们期待着您的宝贵意见和建议，以便我们在后续的修订中不断改进，更好地服务于广大读者。

作者
2024.10

目录

项目1 城轨车辆检修基础训练

- 任务1.1　常用检修工具及检修用品认知
- 任务1.2　检修基础技能训练

项目介绍

本项目包含城轨车辆常用检修工具及检修用品认知、检修基础技能训练两部分内容。通过本项目的学习，读者可以牢记多种常用紧固件及其功能，并能熟练地根据工装上螺纹孔大小选择紧固件的尺寸；能正确地使用钳工工具按照机械标准拧紧紧固件；能正确地为紧固件打防松标记；能正确地熟练完成防松铁丝绑扎；能正确穿戴个人防护用品；能正确使用万用表、压线钳、剥线嵌等电工工具；能正确使用游标卡尺、钢卷尺等测量工具。

实训室使用注意事项

1. 劳动委员安排值日生每日在操作前进行实训室开窗通风。
2. 实训室严禁吸烟、吃零食。
3. 实训期间严禁追逐打闹、高声喊叫。
4. 实训前清点工量具，有数量和状态问题时及时上报教师。
5. 实训期间工具整齐摆放，取用后原位放回。
6. 女生长发必须扎好。
7. 实训结束后，劳动委员安排值日生打扫卫生，待教师检查合格后方可离开。
8. 实训结束后，学生检查设备状态，有问题及时上报教师。

备注

（1）每次任务完成后，按时填写实训报告。

（2）如遇问题，小组内部先互相讨论，并记录问题，然后询问教师。

任务1.1 常用检修工具及检修用品认知

教学目标

1. 知识目标

(1) 个人防护用品的种类与功能

① 了解常见个人防护用品，包括安全帽、劳保鞋、劳保手套等的功能及重要性。

② 理解个人防护用品在保护工人安全、预防职业病和意外伤害中的作用。

(2) 个人防护用品的正确穿戴方法

① 掌握各类个人防护用品的穿戴步骤和注意事项，如安全帽的调节、手套的选择等；了解在不同检修环境中应选择的合适个人防护用品。

(3) 常用检修工具的种类与功能

① 熟悉常用检修工具的种类，包括套筒扳手、扭力扳手、内六角扳手、螺丝刀、钳子等，了解其适用场合和功能。

② 掌握每种检修工具的结构特点及其在检修过程中的应用。

(4) 使用检修工具的安全注意事项

① 理解在使用检修工具时的安全注意事项，如避免误用、保持工具的良好状态等。

② 学会定期检查和维护工具，确保其安全性和可靠性。

2. 能力目标

(1) 个人防护用品的穿戴能力

① 能够根据工作环境正确选择并穿戴相应的个人防护用品，确保自身安全。

② 在穿戴个人防护用品时，能够注意调整，以达到最佳的保护效果。

(2) 检修工具的使用能力

① 熟练使用套筒扳手、扭力扳手、内六角扳手等工具，能够根据实际需求选择合适的工具。

② 能够独立完成简单的检修任务，如紧固、松动或拆卸零件。

(3) 检修工具的维护与保养能力

① 学会对常用检修工具进行日常维护和保养，确保其使用寿命和安全性。

② 能够识别检修工具的损坏及失效情况，并采取相应措施进行处理。

(4) 故障排查能力

① 在使用检修工具的过程中，能够发现并解决工具使用中遇到的问题。

② 掌握常见检修工具的故障判断与处理方法。

3. 素质目标

(1) 安全意识与责任心

① 在使用工具和个人防护用品时，具备高度的安全意识，确保自身和他人的安全。

② 对工具的使用与维护负起责任，确保工作环境的安全性。

(2) 细致与耐心的工作态度

① 在使用工具进行检修时，保持细致和耐心，认真对待每一步操作。

② 注重工作质量，避免因操作不当造成损失。

(3) 团队协作与沟通能力

① 在团队检修中，能够积极配合同事，确保工作顺利进行。

② 学会有效沟通，分享工具使用经验与技巧。

(4) 学习与创新精神

① 鼓励学生在实际操作中不断探索，学习新工具的使用方法与检修方法。

② 关注工具和个人防护用品的技术进步，主动适应和应用新技术。

学习难点与重点

1. 学习难点

(1) 个人防护用品的有效穿戴与使用

① 学生在穿戴个人防护用品时，可能存在不熟练或不正确的情况，需反复练习以提高技能。

② 理解不同工作环境对个人防护用品的要求，灵活应对。

(2) 工具的灵活应用与调整

① 学生在选择和使用工具时，可能会出现误用或选择不当的情况，需要强化判断能力。

② 需要掌握不同工具在特定条件下的使用技巧，尤其是在狭小或复杂环境中。

(3) 工具的维护与管理

① 学生对工具的保养和管理可能缺乏经验，需要通过实践增强责任意识。

② 学习如何判断工具的使用寿命和安全性，防止因工具损坏造成的意外。

2. 学习重点

(1) 个人防护用品的选择与穿戴

① 重点掌握个人防护用品的分类及正确的穿戴方法，以提高安全防护水平。

② 学习在不同工作环境下选择合适的个人防护用品。

(2) 常用检修工具的使用技巧

① 深入理解套筒扳手、扭力扳手、内六角扳手的使用方法和注意事项。

② 学习如何根据实际情况选择合适的工具，确保检修的有效性。

(3) 工具的维护与安全使用

① 学会定期检查工具的状态，发现问题及时处理，以避免安全隐患。

② 强调在使用工具的过程中遵循安全操作规程，减少事故发生。

任务说明

<table>
<tr><td>作业任务</td><td>常用检修工具及检修用品认知</td><td>供电条件</td><td>断电</td><td rowspan="2">二维码</td><td rowspan="2"></td></tr>
<tr><td>作业人数</td><td>24</td><td>作业时间</td><td>20 min</td></tr>
<tr><td>人员分工</td><td colspan="5">1. 每人独立说出个人防护用品的作用和正确穿戴方式。
2. 能根据紧固件的形式，正确地选择钳工工具，并说出工具使用规范和基本操作技巧。
3. 能应用测量工具完成物件的尺寸测量，并精准记录数据。
4. 能复述电工工具使用规范和基本操作技巧</td></tr>
<tr><td>安全注意事项</td><td colspan="5">1. 严格遵守实训室安全管理注意事项。
2. 操作前正确佩戴安全帽、劳保手套。
3. 操作过程中不允许追逐打闹，严格按照实训室教师安排进行认知操作。
4. 操作过程中工具选用正确，摆放整齐</td></tr>
</table>

任务准备

1. 知识准备

学生在操作前，需要扫描二维码，观看操作视频。

2. 操作准备

学生在操作前，需要阅读实训室使用注意事项和工作任务安全注意事项。

3. 用品准备（见表1-1）

表1-1　任务1.1 用品清单

<table>
<tr><th>类别</th><th>序号</th><th>名称</th><th>规格型号</th><th>数量</th><th>单位</th><th>备注</th></tr>
<tr><td rowspan="6">工量具</td><td>1</td><td>扭力扳手</td><td>通用</td><td>3</td><td>把</td><td></td></tr>
<tr><td>2</td><td>内六角扳手</td><td>3～12 mm</td><td>12</td><td>套</td><td>各12套</td></tr>
<tr><td>3</td><td>套筒扳手</td><td>8～24 mm</td><td>12</td><td>套</td><td>各12套</td></tr>
<tr><td>4</td><td>剥线钳</td><td>通用</td><td>12</td><td>把</td><td></td></tr>
<tr><td>5</td><td>压线钳</td><td>适用于管状端子/U型端子</td><td>12</td><td>把</td><td></td></tr>
<tr><td>6</td><td>万用表</td><td>通用</td><td>12</td><td>个</td><td></td></tr>
</table>

续表

类别	序号	名称	规格型号	数量	单位	备注
工量具	7	钢卷尺	5 m	12	把	
	8	游标卡尺	150 mm	12	把	
	9	拉力计	通用	12	个	
	10	螺栓	3～16 mm	12	个	各12个
	11	平垫	3～16 mm	12	个	各12个
	12	弹垫	3～16 mm	12	个	各12个
	13	线缆	1 mm^2	1	卷	
个人防护用品	1	安全帽	通用	24	个	
	2	劳保鞋	通用	24	双	
	3	劳保手套	通用	24	双	

任务实施

见表1-2。

表1-2　常用检修工具认知操作指导

序号	作业项目	作业内容及图示
1	个人防护用品认知	1. 安全帽 安全帽是一种用于保护头部的防护装备，由坚固的外壳、缓冲层和佩戴系统组成，外壳通常采用高强度材料制成，能够有效抵御物体撞击或坠落的冲击力，缓冲层则通过吸收冲击能量，减少对头部的伤害。 

续表

<table>
<tr><th>序号</th><th>作业项目</th><th>作业内容及图示</th></tr>
<tr><td rowspan="2">1</td><td rowspan="2">个人防护用品认知</td><td>安全帽的佩戴规范对于保护头部安全至关重要，佩戴前应检查安全帽是否完好无损，尤其是外壳是否有裂痕、磨损、凹陷等问题。若发现任何损坏，应及时更换。正确的佩戴方法和维护能够显著提升安全帽的防护效果。
（1）正确调整帽带：安全帽的下颌带和帽箍应根据头部大小进行调整，使其紧贴头部但不会感到过紧或松动。下颌带必须系紧，确保帽子在受到冲击时不会脱落。应按照安全帽的设计方向佩戴，不得反戴。帽檐通常应位于前方，以提供最大程度的保护。
（2）保持帽子水平：安全帽应水平佩戴，前后左右都要保持平衡，不得倾斜，以确保头部各个方向都能受到保护。
（3）不在帽内放置物品：帽子内不得放置棉垫、毛巾等异物，以免影响帽子的保护性能。
（4）避免与其他物品同时佩戴：不要在佩戴安全帽时使用不兼容的耳机、帽子或其他头部装备，以免影响安全帽的正常保护效果。
（5）定期清洁和维护：安全帽需要定期清洗，避免灰尘、油污等对材料造成损害。存放时应避免阳光直射、高温或化学品腐蚀，以延长安全帽使用寿命。
（6）使用期限和更换：根据制造商的建议和使用条件，安全帽应定期更换。通常，塑料材质的安全帽在使用 2 ~ 5 年后需要更换，且即使未损坏，也应根据磨损情况进行更换</td></tr>
<tr><td>2. 劳保鞋
劳保鞋通常由坚固的材料制成，鞋头部位往往配有由钢或复合材料制成的防护帽，能够承受较大的冲击力和压力。同时，鞋底采用防滑、防刺穿设计，能够有效防止钉子、玻璃等尖锐物品穿透鞋底，并提供良好的抓地力，减少滑倒风险。此外，一些劳保鞋还具备防静电、耐酸碱、耐高温等特殊功能，以应对不同的工作环境。
</td></tr>
</table>

续表

<table>
<tr><th>序号</th><th>作业项目</th><th>作业内容及图示</th></tr>
<tr><td rowspan="2">1</td><td rowspan="2">个人防护用品认知</td><td>劳保鞋的正确使用方法如下：
（1）选择适合自己尺码和脚型的鞋子。
（2）穿透气、吸汗、尺码合适的袜子。
（3）正确穿劳保鞋，鞋带松紧合适，既能固定住脚部，又使脚跟贴鞋背，鞋头有一定空间。
（4）定期清洗和保养，定期检查鞋底磨损状况，不能起保护作用时及时更换</td></tr>
<tr><td>3. 劳保手套
劳保手套可以提供防割、防磨损、防化学腐蚀、防寒、防热等多种防护功能。
劳保手套材质多样，常见的有皮革、橡胶、棉纤维、聚氯乙烯（PVC）、丁腈橡胶和防切割纤维等。皮革手套耐磨且适合重型工作；橡胶手套则能有效防止化学物质或液体渗透；而防切割手套通常采用高强度纤维制成，可防止锋利物体割伤手部。
除了防护功能外，劳保手套还兼顾舒适性和灵活性，确保工人在操作工具或设备时有足够的手感和灵活度，避免因操作不便导致的意外。正确佩戴劳保手套不仅能有效降低工作中的手部伤害风险，还能提高工作效率和安全性。
关于劳保手套的使用，应注意以下几点：
（1）要选择合适的手套，既能起防护作用，又尺码合适。
（2）佩戴手套前，先检查是否有破损；佩戴手套时，确保手套完全覆盖手部，没有松动、滑脱现象。
（3）手套使用完后要及时清洗，注意保存
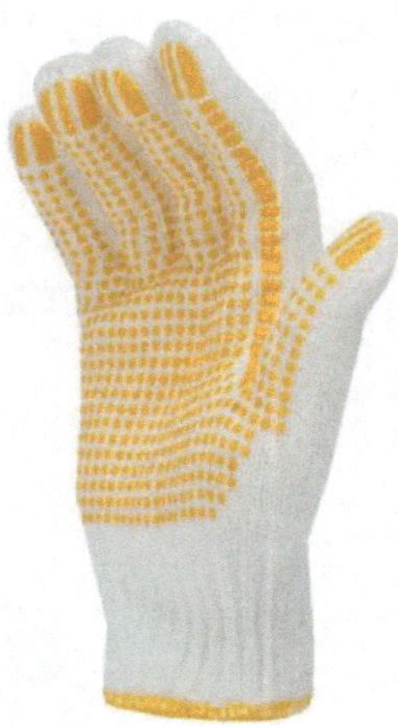</td></tr>
</table>

续表

<table>
<tr><th>序号</th><th>作业项目</th><th>作业内容及图示</th></tr>
<tr><td rowspan="2">2</td><td rowspan="2">常用测量工具认知</td><td>1. 钢卷尺
钢卷尺是一种常见的用于测量长度、宽度和高度等物理尺寸的测量工具，由坚固耐用的钢带制成，带有清晰的刻度标记，通常以公制和英制单位表示，确保测量的精度和多样性。常见的钢卷尺精度为 1 mm，读数时可向后估读一位。
钢卷尺具有自动回弹功能，内置弹簧装置可在使用后自动收回钢带，方便操作和存放。其外壳通常采用坚固的塑料或金属材质，具有防摔、防水等特性，以应对各种复杂的工作环境。
钢卷尺使用注意事项如下：
（1）使用前，检查是否完好无损、测量刻度是否清晰。
（2）测量时，使钢卷尺起点对准被测物起点，将尺带沿被测物轮廓拉直，确保测量准确。
（3）测量结束后，应记录测量结果
</td></tr>
<tr><td>2. 游标卡尺
游标卡尺是一种精密测量工具，用于测量物体的外径、内径、深度和长度。使用游标卡尺时应遵循以下规范：
（1）检查卡尺状态：使用前，检查游标卡尺的测量爪、游标及测量面是否有污垢、损伤或松动现象，确保其清洁完好，确保卡尺的零位没有偏移，刻度清晰可见。
（2）校正零位：将卡尺的测量爪完全闭合，观察游标零位是否与主尺零位对齐。如果未对齐，应进行零位校准，确保测量精度。
（3）正确握持：用适当的力度握住卡尺主体，防止手部温度影响金属卡尺的膨胀，导致测量误差。</td></tr>
</table>

续表

序号	作业项目	作业内容及图示
2	常用测量工具认知	（4）测量时轻推游标：移动游标时，轻推游标卡尺的滑块，保持测量爪与被测物体紧密接触，但不要过度施加压力，防止压得太紧导致测量误差。 （5）读取测量值：测量时确保卡尺垂直于被测物表面，游标滑块稳定后，通过主尺和游标的刻度读取测量值，确保精确度。应使游标和主尺的刻度对齐，不要以斜视角度读取数据。 （6）保持卡尺垂直：在测量内径、深度或外径时，确保卡尺与被测物体垂直，避免倾斜导致的误差。 （7）避免暴力操作：打开或闭合游标卡尺时不要用力过猛，也不要将其作为工具撬动或敲打物体，以免损坏测量爪或导致卡尺变形。 （8）保持清洁：使用完毕后，用干净的软布或纸巾擦拭卡尺，尤其是测量爪和刻度线部分，避免灰尘或油污残留影响下次使用 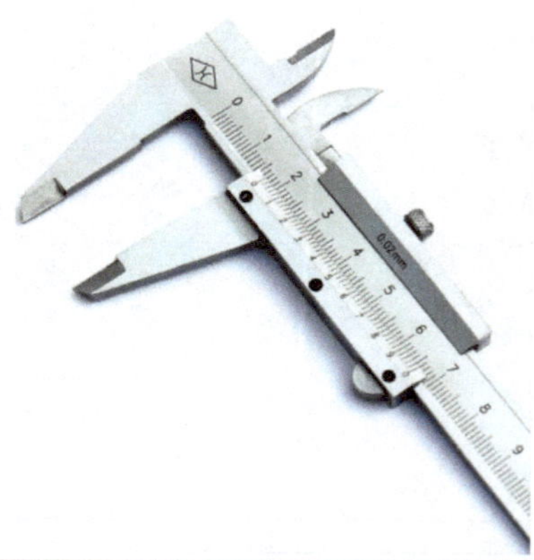
		3. 拉力计 拉力计是一种用于测量物体拉力或张力的精密仪器，广泛应用于工业、实验室和质量检测等领域。使用拉力计时，应遵循以下规范： （1）检查设备状态：使用前，检查拉力计是否处于良好状态，特别是显示屏、传感器和连接件，确保无损坏或松动。同时，确认拉力计的量程适合当前测量任务，避免超负荷使用。 （2）校准拉力计：在正式测量前，应对拉力计进行校准，确保设备的测量精度符合要求。部分拉力计需要在零点位置校准，以确保初始测量的准确性。

续表

序号	作业项目	作业内容及图示
2	常用测量工具认知	（3）正确连接：确保拉力计与被测物体的连接牢固可靠。拉力计的钩环或夹具应正确固定在测量物体上，避免连接部位松动或偏移，导致读数不准确或设备损坏。 （4）保持拉力垂直：在拉力测试过程中，确保拉力方向与拉力计的测量方向一致，避免拉力计受到侧向力或不规则力作用，这可能会导致误差或损坏设备。 （5）缓慢施加拉力：在进行测量时，应均匀、缓慢地施加拉力，避免突然增加负荷。过快或剧烈的拉力变化可能会影响测量结果的准确性或损坏传感器。 （6）读取测量数据：当拉力稳定后，通过拉力计的显示屏或刻度盘读取测量数据。读取值时，视线应与显示屏保持平行，避免由于观察角度不同而产生误差。 （7）避免超载：拉力计的测量应在设备的额定量程内进行，禁止超出最大测量范围，以防设备损坏或测量不准确。若需要测量较大拉力，建议选择量程更大的拉力计。 （8）测量结束后复位：在测量结束后，应使拉力计复位到初始位置，确保设备可以正常用于下一次测量 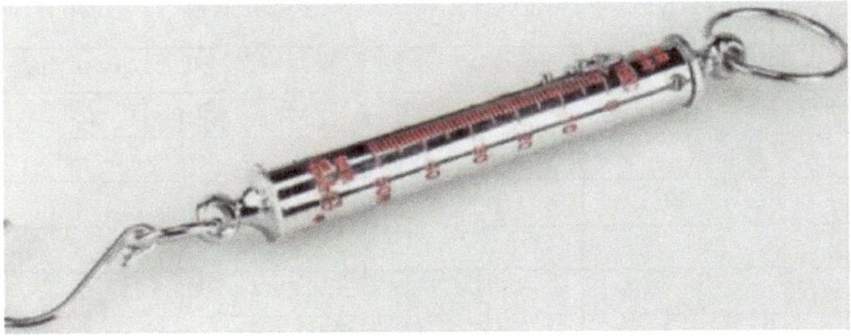
3	钳工工具认知	1. 套筒扳手 套筒扳手是一种常用的手动工具，主要用于旋紧或松开螺母和螺栓。其主要特点是配有可更换的套筒，套筒的大小可以根据螺母或螺栓的尺寸进行调整，适应不同的工作需求。它还配备有加长杆，可适应不同空间的工作环境。套筒扳手通常包括一个棘轮手柄和一系列不同规格的套筒及加长杆。通过棘轮结构，使用者能够在有限空间内进行快速操作，无须反复移开扳手。

续表

序号	作业项目	作业内容及图示
3	钳工工具认知	 外六角套筒头 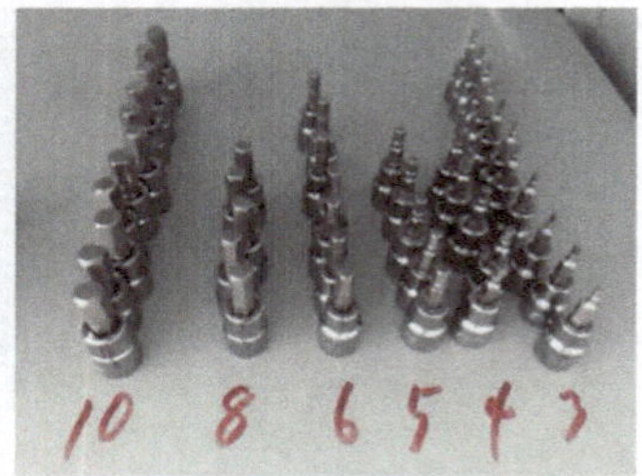 内六角套筒头 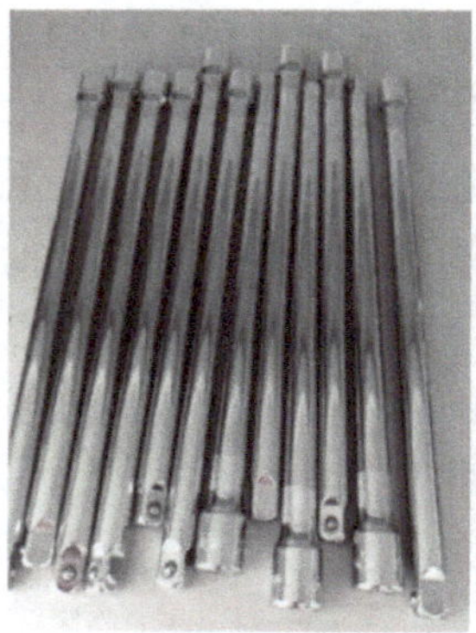 套筒加长杆 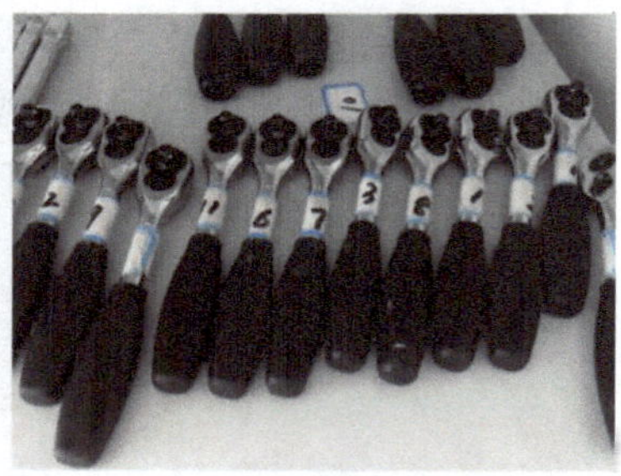 棘轮手柄 使用套筒扳手的注意事项如下： （1）根据要拆卸的零件选择正确大小的套筒。 （2）将套筒完全固定在扳手上。 （3）握住扳手，将套筒调整到合适位置，确保能准确拆卸。 （4）用适当的力扭动扳手，拧松螺母。 （5）螺母拧松后，用手拧下螺母。 （6）使用完毕后，清洁工具，妥善保存
		2. 扭力扳手 扭力扳手是一种精密工具，专门用于对螺栓或螺母施加特定扭矩，确保紧固件被拧紧到预定的力度。它常用于地铁维修、机械装配和工业领域，尤其是在需要精确扭矩控制的场合，如发动机组装。使用扭力扳手时，先设定扭矩值，当达到预定扭矩值时，会发出“咔嗒”声或触感信号，提醒操作人员停止施力，防止过度紧固或松动。使用扭力扳手有助于保证零件的安全性和稳定性，避免因扭矩不当造成的损坏或故障。

续表

<table>
<tr><th>序号</th><th>作业项目</th><th>作业内容及图示</th></tr>
<tr><td rowspan="2">3</td><td rowspan="2">钳工工具认知</td><td>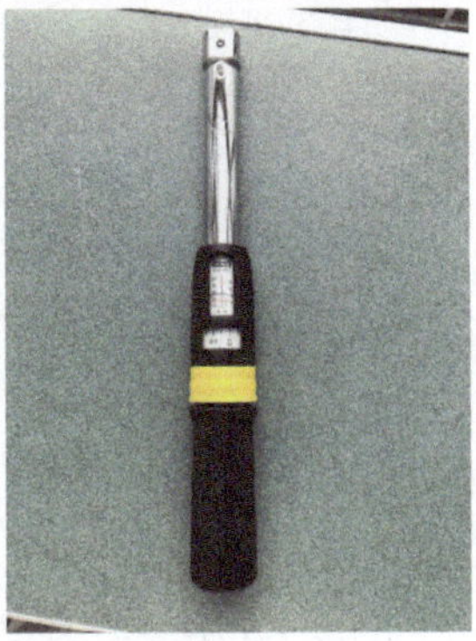
扭力扳手使用注意事项如下：
（1）应选择与开口尺寸与螺栓或螺母相符的扭力扳手。
（2）使用扭力扳手时，应该用拉力，不能用推力。
（3）拉动扭力扳手的力要均匀，听到“咔嗒”声，伴有明显手感振动，说明工作完成。
（4）长期不用时，调整标尺刻线至扭矩最小处</td></tr>
<tr><td>3. 内六角扳手
内六角扳手又称六角扳手或艾伦扳手，是一种 L 形的手动工具，专门用于拧紧或松开带有内六角螺孔的螺钉和螺栓，其主要特点是结构简单、轻便小巧。内六角扳手通常由坚硬的钢材制成，能提供较大的扭矩，它的一端为短柄，另一端为长柄，这种设计便于用户在空间狭小的环境中操作，并且长柄可用作杠杆，以增加施力。内六角扳手广泛应用于地铁维修、家具组装、机械维护等领域，因其简单实用和多功能性，成了常用的工具之一。
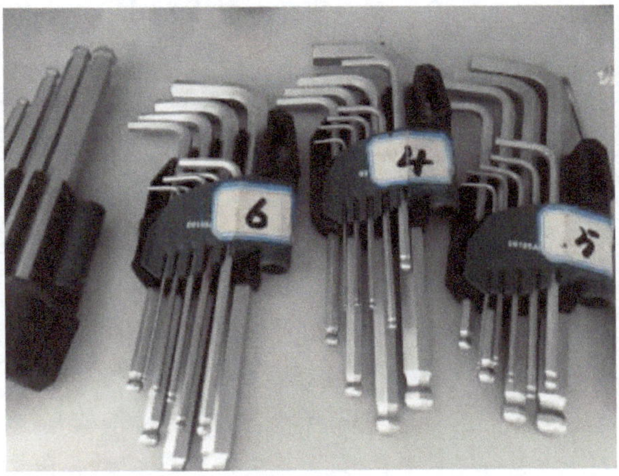</td></tr>
</table>

续表

序号	作业项目	作业内容及图示
3	钳工工具认知	内六角扳手使用注意事项如下： （1）使用前，要准备好相应的工具和配件，选择合适的扳手类型，并检查扳手是否完好无损。 （2）使用时，确保扳手与螺丝规格相配，将扳手完全插入螺丝头部的槽内，手握扳手柄尾部，用适度力量拧动螺丝。 （3）使用后，用抹布擦拭扳手头部和手柄，涂适量润滑剂保存
4	电工工具认知	1. 万用表 万用表是一种多功能的电工测试工具，广泛用于电气工程、电子维修和实验室研究。它集成了电压表、电流表和电阻表等多种功能，能够测量直流电压（DC）、交流电压（AC）、电流、电阻、电容，以及一些设备的通断性。现代数字万月表通常具有较高的精度和分辨率，并且带有液晶显示屏，便于读取测量结果。 一些高级万用表还具备额外的功能，如测量频率、温度，以及二极管测试和晶体管检测等。使用时，只需将测试表笔连接到被测设备的适当位置，并选择对应的测量模式，即可轻松获得精确的测量值。由于万用表具有多用途、便捷和易用性等特点，所以它是电工和电子工程师的必备工具 
		2. 剥线钳 剥线钳是一种专门用于剥除电线外层绝缘皮的工具，广泛应用于电工、电子工程和城市轨道交通维修等领域。剥线钳的设计使其能够精准地剥去电线表面的绝缘层，而不会损伤内部的金属导线，从而确保电路连接的安全和可靠。 剥线钳通常配备多种尺寸的剥线孔，可以适应不同直径的电线。使用时，只需将电线放入相应的剥线孔中，轻轻夹紧并旋转拉动，即可轻松剥去绝缘层 

续表

序号	作业项目	作业内容及图示
4	电工工具认知	3. 压线钳 压线钳是一种用于将电线与端子、接头等连接部件压接在一起的工具，广泛应用于电气安装、电子维修和城轨线路维护等领域。压线钳通过机械力将电线牢固地压入端子，确保电气连接的稳固性和导电性。用这种方法替代传统的焊接方式，既提高了连接效率，也降低了过热或接触不良的风险。 压线钳通常有多种压接模具，适应不同类型和尺寸的电线及端子，有些型号的压线钳还具备自动调节功能 

任务评价

见表1-3。

表1-3　常用检修工具及检修用品认知任务评价表

课程名称				
任务名称				
组长		组员		
实训地点		日期		
职业素养互评				
评价内容	评价结果			
	A（优）	B（良）	C（中）	D（差）
（1）操作过程中问题记录及纠错情况				
（2）小组成员合作互助情况				
（3）个人防护用品穿戴情况				
（4）操作完毕后工位整理情况				
（5）有无改进、创新的动作				
专业技能评价				
评价内容	评价结果			
	A（优）	B（良）	C（中）	D（差）
（1）钳工工具选择的正确率及时效性				
（2）钳工工具使用的规范性				
（3）测量工具使用的规范性				
（4）游标卡尺读数的精准度				
（5）电工工具使用的规范性				
（6）个人防护用品使用的规范性				
综合评价				

任务1.2 检修基础技能训练

教学目标

1. 知识目标

(1) 扭力扳手的结构与功能

① 了解扭力扳手的组成及其工作原理。

② 掌握扭力扳手在不同检修场景中的适用性及重要性。

(2) 八字防松线的绑扎原理

① 理解八字防松线的结构和作用，及其在防止螺栓松动中的重要性。

② 掌握绑扎八字防松线时需要遵循的规范和方法。

(3) 电工工具的种类与使用

① 熟悉常见电工工具的种类（如电工刀、剥线钳、万用表等）及其功能。

② 了解电工工具在电路检修中的安全使用原则。

(4) 安全操作规范

理解在进行检修时的安全注意事项，特别是在使用工具和材料时的规范。

2. 能力目标

(1) 扭力扳手的正确使用能力

① 能独立设置扭力扳手的扭矩值，并正确使用扭力扳手进行紧固工作。

② 能为不同部件选择合适的扭矩值，确保连接的可靠性。

(2) 八字防松线绑扎技能

① 能够熟练掌握八字防松线的绑扎方法，确保绑扎牢固且不影响其他部件的正常运作。

② 在实际操作中能够灵活应用，能根据需要调整绑扎的紧密度和绑扎方式。

(3) 电工工具的使用能力

① 能够熟练使用各种电工工具，进行简单的电路检查和维护。

② 能根据电路图和电气设备的特性选择合适的电工、工具进行操作。

(4) 故障诊断与解决能力

① 在使用工具的过程中，能够识别常见问题，并进行相应的故障排查与处理。

② 学会根据故障情况灵活调整操作方法。

3. 素质目标

(1) 安全意识与责任感

① 在检修过程中，时刻保持安全意识，确保自己和他人的安全。

② 对所使用的工具和材料负责，确保其安全和有效。

(2) 细致与耐心的工作态度

① 在进行各项技能训练时，注重细节，确保每个操作步骤的准确性。

② 在面对复杂问题时，保持耐心，进行细致的分析和处理。

(3) 团队协作与沟通能力

① 在团队训练中，能够积极参与合作，与同伴进行有效的沟通和协调。

② 学会在实践中分享经验，帮助他人解决问题。

(4) 自主学习与创新精神

① 鼓励学生在实践中总结经验，持续改进。

② 鼓励学生积极探索新的操作方法和工具使用技巧。

学习难点与重点

1. 学习难点

(1) 扭力扳手的设置与使用

① 学生可能在设置扭矩时出现误差，需要多次练习以熟练掌握。

② 理解扭力值与实际应用场景的关系，有时可能需要灵活调整。

(2) 八字防松线的绑扎技巧

① 学生在绑扎时可能存在操作不当或松动的情况，需反复练习以提高技术。

② 需要理解绑扎的原理和对不同环境的适应性。

(3) 电工工具的操作与安全

① 学生对电工工具的使用经验不足，可能在操作时存在安全隐患。

② 理解电气安全知识，尤其是在高压或复杂电路下的操作。

2. 学习重点

(1) 扭力扳手的使用技巧

① 重点掌握扭力扳手的调节与使用，确保扭矩值的准确性。

② 学习如何在不同情况下选择适当的扭力和使用技巧。

(2) 八字防松线的绑扎方法

① 强调八字防松线的绑扎技巧与注意事项，以保证连接的可靠性。

② 练习绑扎的实际操作，确保在真实场景中能熟练应用。

(3) 电工工具的安全使用

① 强调电工工具的安全操作规范，确保在使用过程中的安全性。

② 熟悉不同电工工具的使用场景及其维护保养方法。

任务说明

<table>
<tr><td>作业任务</td><td>检修基础技能训练</td><td>供电条件</td><td>断电</td><td rowspan="2">二维码</td><td rowspan="2"></td></tr>
<tr><td>作业人数</td><td>24</td><td>作业时间</td><td>20 min</td></tr>
<tr><td>人员分工</td><td colspan="5">1. 每人独立完成个人防护用品的穿戴。
2. 每人独立完成螺栓紧固训练和八字防松线绑扎训练。
3. 每人独立完成管状端子的制作。
4. 完成后互换检查</td></tr>
<tr><td>安全注意事项</td><td colspan="5">1. 严格遵守实训室安全管理注意事项。
2. 操作前，正确佩戴安全帽、劳保手套。
3. 操作过程中不允许追逐打闹，严格按照实训室教师安排进行认知操作。
4. 操作过程中工具选用正确，摆放整齐</td></tr>
</table>

任务准备

1. 知识准备

学生操作前，需要扫描二维码，观看操作视频。

2. 操作准备

学生在操作前，需要阅读实训室使用注意事项和任务安全注意事项。

3. 用品准备（见表1-4）

表1-4　任务1.2 用品清单

类别	序号	名称	规格型号	数量	单位	备注
工量具	1	扭力扳手	通用	3	把	
	2	内六角扳手	3～12 mm	12	套	各12套
	3	套筒扳手	8～24 mm	12	套	各12套
	4	剥线钳	通用	12	把	
	5	压线钳	适用于管状端子/U型端子	12	把	

续表

类别	序号	名称	规格型号	数量	单位	备注
工量具	6	螺栓	3～16 mm	12	个	各 12 个
	7	平垫	3～16 mm	12	个	各 12 个
	8	弹垫	3～16 mm	12	个	各 12 个
	9	线缆	1 mm^2	1	卷	
个人防护用品	1	安全帽	通用	24	个	
	2	劳保鞋	通用	24	双	
	3	劳保手套	通用	24	双	

任务实施

见表 1-5。

表 1-5　检修基础技能训练操作指导

序号	作业项目	作业内容及图示
1	钳工技能训练	**实训 1：嵌放紧固件** （1）根据工装上螺纹孔的大小，选取配套尺寸的紧固件。 （2）将紧固件按照机械标准要求顺序放置于工装孔内。 （3）使用配套的紧固件将工装面板的螺纹孔全部拧入螺栓。 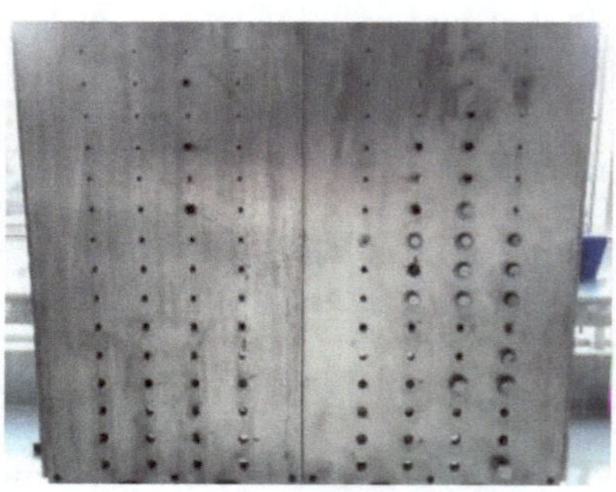 **操作流程：** （1）根据工件所需扭矩值要求，确定预设扭矩值。 （2）预设扭矩值时，将扳手手柄上的锁定环下拉，同时转动手柄，调节标尺主刻度线和微分刻度线数值至所需扭矩值。调节好后，松开锁定环，手柄自动锁定。

续表

<table>
<tr><th>序号</th><th>作业项目</th><th>作业内容及图示</th></tr>
<tr><td rowspan="2">1</td><td rowspan="2">钳工技能训练</td><td>（3）在扳手方榫上装上相应规格套筒，并套住紧固件，再在手柄上缓慢用力。施加外力时必须按标明的箭头方向。当拧紧到发出信号“咔嗒”的一声，停止加力。
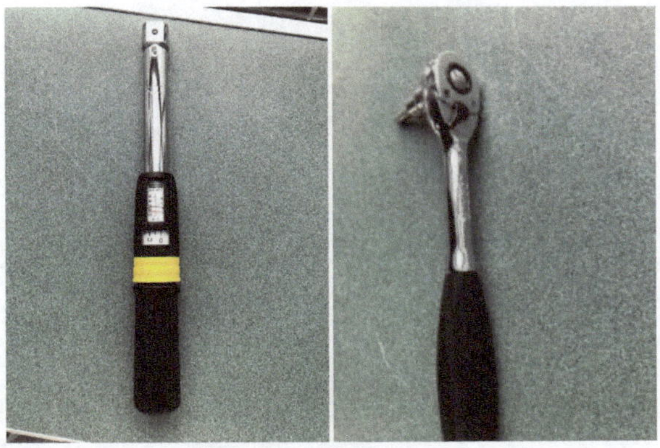
（4）按照自检、互检流程，涂打所有紧固件的防松标记。
（5）互相检查防松标记规范，并互相纠正。
注意：（1）大规格扭矩扳手使用时，可外加长套杆以便操作省力。
（2）如长期不用，调节标尺刻线退至扭矩最小数值处</td></tr>
<tr><td>实训 2：八字防松技能训练
螺栓八字防松铁丝绑扎是一种常用的机械防松方法，主要用于防止螺栓因振动或其他外力作用而松动。其原理是将铁丝以“8”字形绑扎在相邻的两个螺栓上，形成一种物理锁定结构，当其中一个螺栓想要往松动方向转动时，由于铁丝作用，铁丝会将另一个螺栓紧固的方向拉动，从而阻止螺栓松动。
操作时，先将铁丝穿过第一个螺栓的孔洞，然后绕过另一个相邻螺栓，再返回到第一个螺栓，形成类似“8”字的形状具体如下：
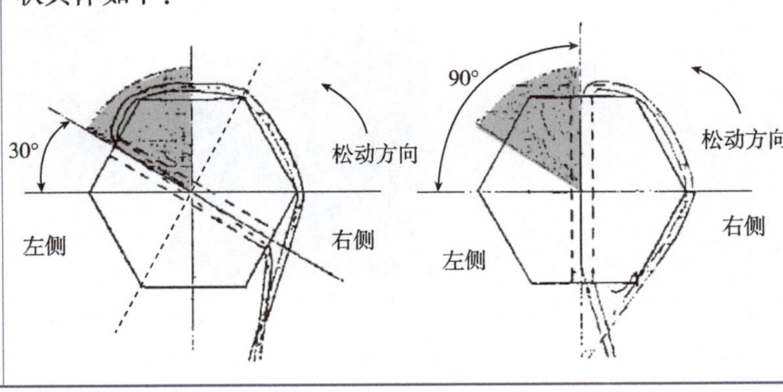
</td></tr>
</table>

续表

序号	作业项目	作业内容及图示
1	钳工技能训练	（1）选择需要的工具和物料：包括钳子一把、适合螺栓预留空直径的防松铁丝一段。 （2）绑扎防松铁丝：选择左侧螺栓，以中垂线贯穿螺帽，选取左手边从下往上数的第一个孔，穿入铁丝。将铁丝出端继续放入右边螺帽的中垂线左手边从下往上数的第一个孔，然后用钳子将铁丝绕着螺帽向上转半圈，与铁丝另一端拧成麻花辫。 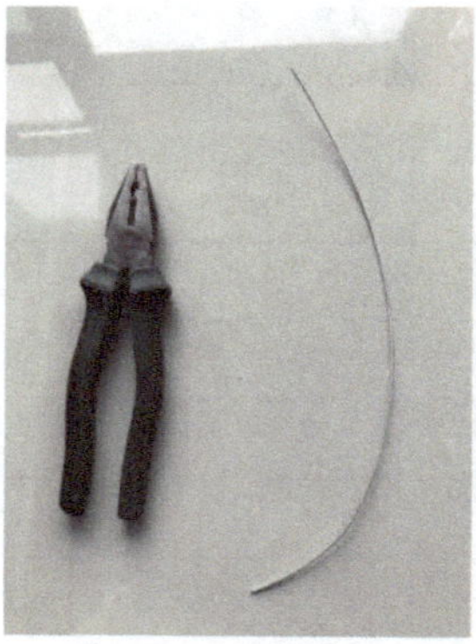 钳子、铁丝  螺栓 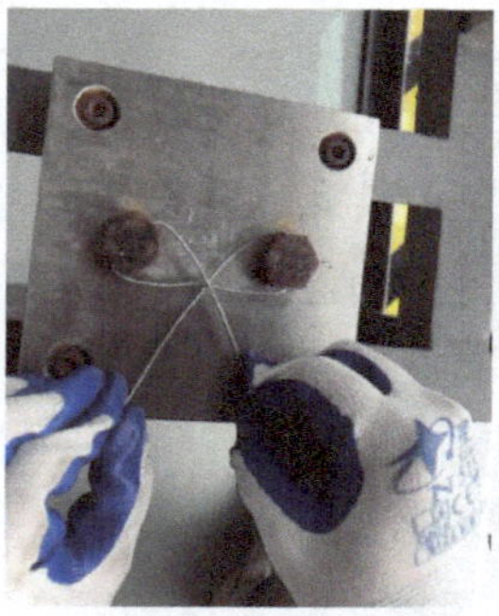 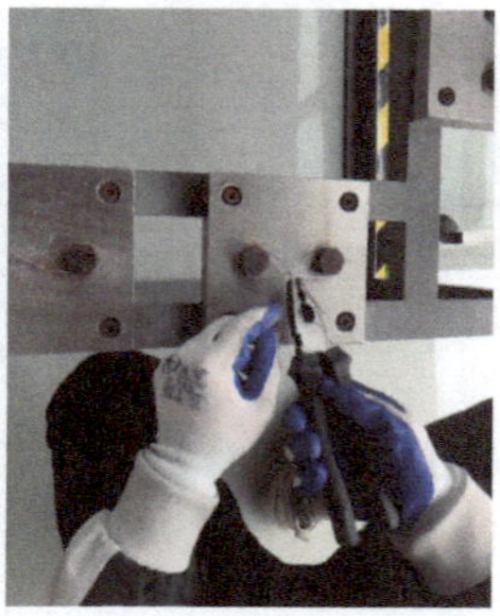 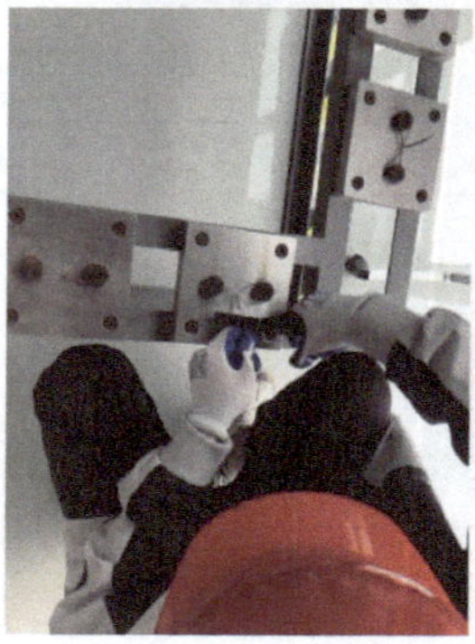  提示：如果在松开螺栓时螺栓头被金属丝缠绕，固定方法就是正确的

续表

<table>
<tr><th>序号</th><th>作业项目</th><th>作业内容及图示</th></tr>
<tr><td>2</td><td>电工技能训练</td><td>实训 3：使用压线钳压接管状端子
（1）准备材料：选取合适的管状端子和对应规格的电线，确保端子的尺寸与电线的导体直径相匹配。
（2）剥线：使用剥线钳将电线的绝缘层去除，露出适当长度的导线。露出的导线长度应与管状端子的长度匹配，避免剥线过多或过少。
提示：在将钳面顶离线缆时必须保持线缆与钳面垂直，否则易造成线缆芯线断股。
剥线长度为导线端部与端子端部平齐或伸出不超过 1 mm。
（3）插入端子：将剥好的导线插入管状端子内，确保导线的裸露部分完全插入端子的金属筒内，避免导线露出或松散。
（4）选择压接模具：根据管状端子的规格，选择压线钳上对应的压接模具位置。
提示：大多数压线钳上都有标示，可帮助选择正确的模具孔。
（5）压接操作：将端子和电线放入压线钳的压接模具中，确保端子完全对齐，然后用力握紧压线钳的手柄，直到模具完全压紧端子。此时金属部分会变形，将电线牢牢固定在端子内。
（6）检查连接：松开压线钳后，检查压接后的端子，确保电线与端子之间没有松动，且压接部分无明显损坏或变形。
提示：应适当拉拽导线，确认连接牢固</td></tr>
</table>

任务评价

见表1-6。

表1-6　检修基础技能训练任务评价表

课程名称				
任务名称				
组长		组员		
实训地点		日期		
职业素养互评				
评价内容	评价结果			
	A（优）	B（良）	C（中）	D（差）
（1）操作过程中问题记录及纠错情况				
（2）小组成员合作互助情况				
（3）个人防护用品穿戴情况				
（4）操作完毕后工位整理情况				
（5）有无改进、创新的动作				
专业技能评价				
评价内容	评价结果			
	A（优）	B（良）	C（中）	D（差）
（1）螺纹孔与螺栓一次对应正确率				
（2）扳手使用熟练度				
（3）套筒头与螺栓匹配一次对应正确率				
（4）八字防松线绑扎正确度				
（5）八字防松线绑扎质量				
（6）管状端子制作质量				
综合评价				

项目2 塞拉门系统检修

- 任务2.1　双扇电动电控塞拉门结构认知
- 任务2.2　双扇电动电控塞拉门控制电路安装与调试
- 任务2.3　双扇电动电控塞拉门机械尺寸调整（V形）
- 任务2.4　双扇电动电控塞拉门机械尺寸调整（密封性）
- 任务2.5　双扇电动电控塞拉门机械尺寸调整（门附件）
- 任务2.6　双扇电动电控塞拉门零件安装

项目介绍

本项目包含双扇电动电控塞拉门结构认知、双扇电动电控塞拉门控制电路安装与调试、双扇电动电控塞拉门机械尺寸调整（V形、密封性、门附件）、双扇电动电控塞拉门零件安装6个任务。通过学习，读者可以熟悉、认识并牢记塞拉门系统的组成及布置；懂得零部件之间的配合关系，掌握零部件安装的步骤、尺寸、注意事项；知道门机构接线的流程，能按照电工工具使用规范进行线束制作，能按照接线表进行门机构接线；能按照工艺文件要求完成与车门运行状态和密封性相关的尺寸调整。

实训室使用注意事项

1. 劳动委员安排值日生每日在操作前进行实训室开窗通风。
2. 实训室严禁吸烟、吃零食。
3. 实训期间严禁追逐打闹、高声喊叫。
4. 实训前清点工量具，有数量和状态问题时及时上报教师。
5. 实训期间工具整齐摆放，取用后原位放回。
6. 女生长发必须扎好。
7. 实训结束后，劳动委员安排值日生打扫卫生，待教师检查合格后方可离开。
8. 实训结束后，学生检查设备状态，有问题及时上报教师。

备注

（1）每次任务完成后按时填写实训报告。

（2）如遇问题，小组内部先互相讨论，并记录问题，然后询问教师。

任务2.1 双扇电动电控塞拉门结构认知

教学目标

1. 知识目标

(1) 塞拉门的组成与结构

① 熟悉塞拉门的主要部件，包括：门体（门板、密封条）、驱动系统（电机、制动器）、传动系统（丝杆、螺母副组件）、安全装置（紧急开关、防夹装置）。

(2) 塞拉门的工作原理

① 掌握塞拉门的开闭原理及驱动逻辑。

② 理解电机驱动和传动机构如何将电信号转换为机械运动。

(3) 常见故障与原因分析

① 熟悉塞拉门常见故障（如开关卡滞、传感器失效、皮带松弛等）及其成因。

② 掌握基础故障排查思路，为检修任务提供理论支持。

(4) 相关安全规范

① 了解塞拉门的检修与维护安全规范，如断电操作及故障模式的测试要求。

② 掌握应急开关使用方法，确保故障情况下的乘客安全。

2. 能力目标

(1) 识别和拆解能力

① 能够根据图纸或实物识别塞拉门的各个组成部分。

② 具备拆解和安装塞拉门部件的基本动手能力。

(2) 逻辑思维与问题解决能力

① 具备分析塞拉门运行问题的能力，如根据开门异常判断是否为电机或控制系统故障。

② 能针对具体问题提出初步解决方案，为后续的维修任务奠定基础。

(3) 动手操作与系统调试能力

能进行基础的系统调试和门体开关动作的验证。

3. 素质目标

(1) 职业责任心与安全意识

① 培养对设备运行安全负责的高度责任心，确保检修过程中不留下安全隐患。

② 遵守操作规程，确保自身和乘客的安全。

(2) 团队协作与沟通能力

① 在学习和任务中与同学协作，共同完成结构认知和故障排查任务。

② 善于倾听他人意见并及时反馈问题，提升团队效率。

(3) 细心与耐心

① 具备细致检查和观察部件的耐心，避免遗漏小问题。

② 通过反复实践和总结经验，持续提升专业能力。

(4) 自主学习与创新精神

① 积极查阅资料和维修手册，不断拓展专业知识。

② 善于思考工作中的改进方法，提高操作效率。

学习难点与重点

1. 学习难点

(1) 对控制系统工作逻辑的理解与应用。

(2) 电控与机械系统的协调。

(3) 电机驱动、传动丝杆、滑道等机械系统必须与控制系统配合，学生需要对此有综合理解应用能力。

2. 学习重点

(1) 理解塞拉门的结构组成与功能。

(2) 理解每个关键部件的作用和相互配合关系（如电机如何驱动传动皮带打开门）。

(3) 掌握驱动电机、皮带等部件的拆装流程及注意事项，避免损坏部件。

任务说明

<table>
<tr><td>作业任务</td><td>双扇电动电控塞拉门结构认知</td><td>供电条件</td><td>断电</td><td rowspan="2">二维码</td><td rowspan="2"></td></tr>
<tr><td>作业人数</td><td>2</td><td>作业时间</td><td>15 min</td></tr>
<tr><td>人员分工</td><td colspan="5">1. 一人提问，一人回答，待全部提问完毕，互换角色。
2. 采用从上至下、从左至右的顺序互相提问</td></tr>
<tr><td>安全注意事项</td><td colspan="5">1. 操作前正确穿戴个人防护用品。
2. 操作过程中严格按照实训室教师安排进行操作。
3. 如需开关门，应提前口呼开关门操作，待他人完全知晓后再操作。
4. 整个过程断电完成，严禁通电</td></tr>
</table>

任务准备

1. 知识准备

学生在操作前，需要扫描二维码，观看操作视频。

2. 操作准备

学生在操作前，需要阅读实训室使用注意事项和工作任务安全注意事项。

3. 用品准备（见表2-1）

表2-1　任务2.1用品清单

类别	序号	名称	规格型号	数量	单位	备注
工量具	1	手电筒	通用	2	个	
个人防护用品	1	安全帽	通用	2	个	
	2	劳保鞋	通用	2	双	
	3	劳保手套	通用	2	双	

任务实施

见表2-2。

表2-2　双扇电动电控塞拉门结构认知操作指导

<table>
<tr><th>序号</th><th>作业项目</th><th>作业内容及图示</th></tr>
<tr><td>1</td><td>门机构示意图</td><td>
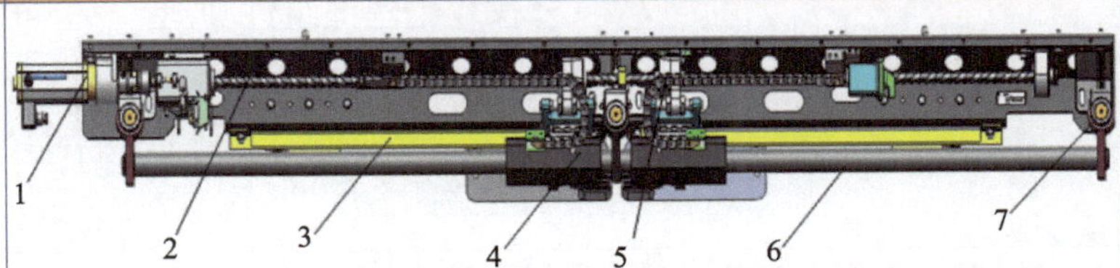

<table>
<tr><th>序号</th><th>名称</th><th>序号</th><th>名称</th></tr>
<tr><td>1</td><td>电机</td><td>5</td><td>传动螺母</td></tr>
<tr><td>2</td><td>丝杆</td><td>6</td><td>横向导柱</td></tr>
<tr><td>3</td><td>上导轨</td><td>7</td><td>纵向导柱</td></tr>
<tr><td>4</td><td>携门架组件</td><td></td><td></td></tr>
</table>
</td></tr>
</table>

续表

<table>
<tr><th>序号</th><th>作业项目</th><th>作业内容及图示</th></tr>
<tr><td>2</td><td>车门示意图</td><td>
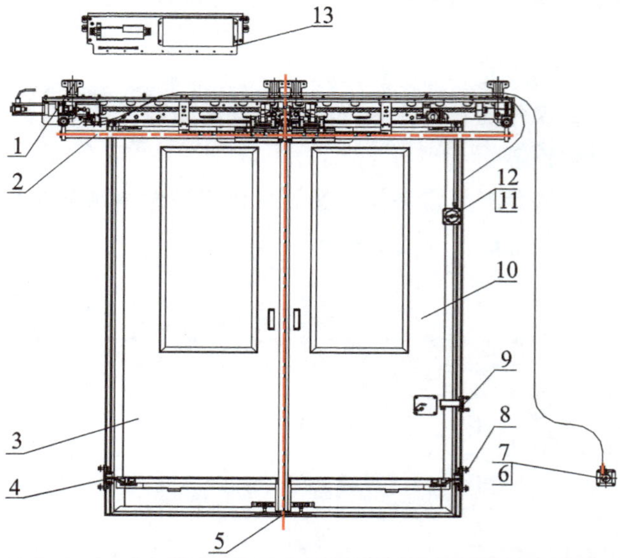

<table>
<tr><th>序号</th><th>名称</th><th>单位</th><th>数量</th><th>备注</th></tr>
<tr><td>1</td><td>顶吊架+侧吊架</td><td>件</td><td>4+3</td><td></td></tr>
<tr><td>2</td><td>承载驱动机构</td><td>套</td><td>1</td><td></td></tr>
<tr><td>3</td><td>左门扇</td><td>扇</td><td>1</td><td></td></tr>
<tr><td>4</td><td>摆臂组件（左）</td><td>套</td><td>1</td><td></td></tr>
<tr><td>5</td><td>嵌块</td><td>块</td><td>1</td><td></td></tr>
<tr><td>6</td><td>外操作装置</td><td>套</td><td>1</td><td>每辆车 2 套</td></tr>
<tr><td>7</td><td>外操作钢丝绳组件</td><td>套</td><td>1</td><td>每辆车 2 套</td></tr>
<tr><td>8</td><td>摆臂组件（右）</td><td>套</td><td>1</td><td></td></tr>
<tr><td>9</td><td>隔离开关组件</td><td>套</td><td>1</td><td></td></tr>
<tr><td>10</td><td>右门扇</td><td>扇</td><td>1</td><td></td></tr>
<tr><td>11</td><td>内操作装置</td><td>套</td><td>1</td><td></td></tr>
<tr><td>12</td><td>内操作钢丝绳组件</td><td>套</td><td>1</td><td></td></tr>
<tr><td>13</td><td>EDCU 部件</td><td>套</td><td>1</td><td></td></tr>
<tr><td>14</td><td>标准件</td><td>套</td><td>1</td><td>图中未显示</td></tr>
<tr><td>15</td><td>各种调整垫片</td><td>套</td><td>1</td><td>图中未显示</td></tr>
</table>
</td></tr>
</table>

续表

<table>
<tr><th>序号</th><th>作业项目</th><th>作业内容及图示</th></tr>
<tr><td>3</td><td>门机构
认知 1</td><td>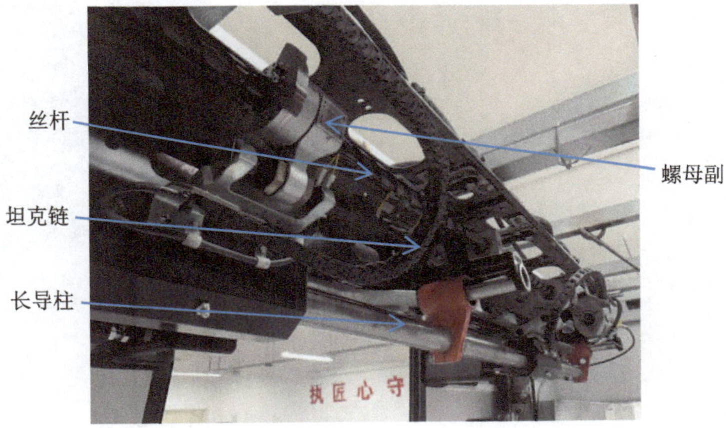
</td></tr>
<tr><td>4</td><td>门机构
认知 2</td><td>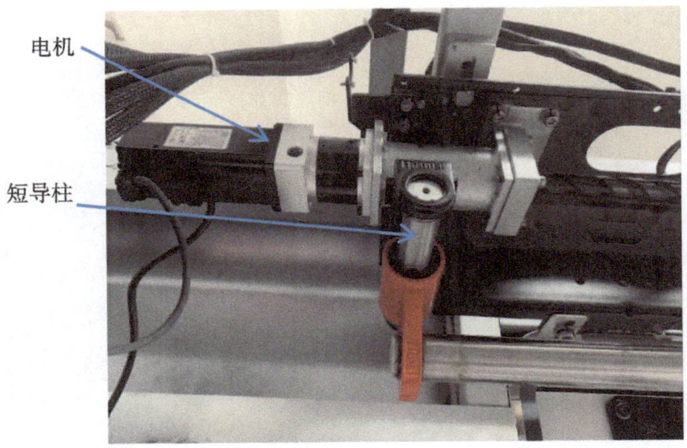
</td></tr>
<tr><td>5</td><td>门机构
认知 3</td><td>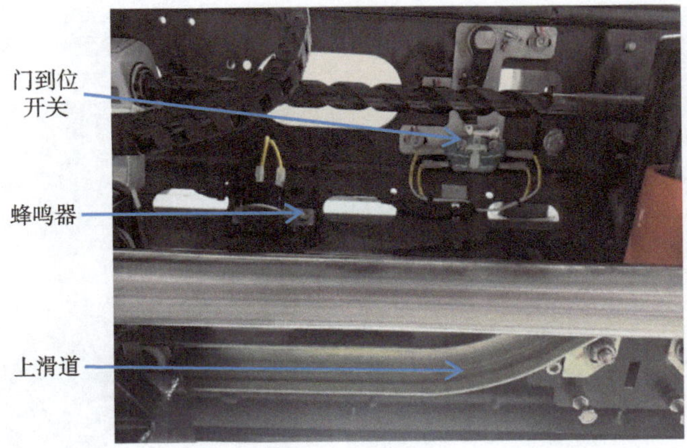
</td></tr>
</table>

续表

<table>
<tr><th>序号</th><th>作业项目</th><th>作业内容及图示</th></tr>
<tr><td>6</td><td>零部件
认知 1</td><td>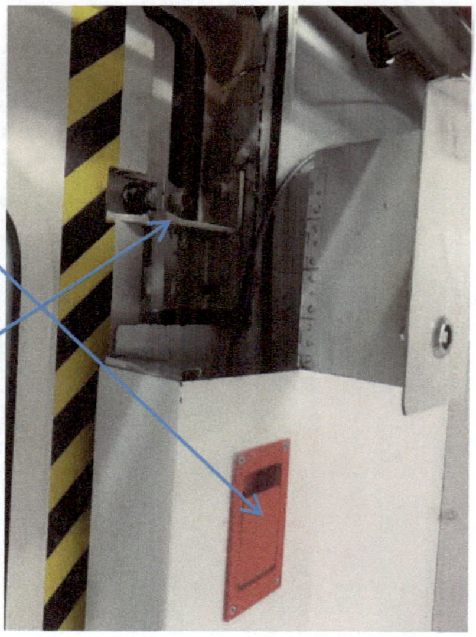
</td></tr>
<tr><td>7</td><td>零部件
认知 2</td><td>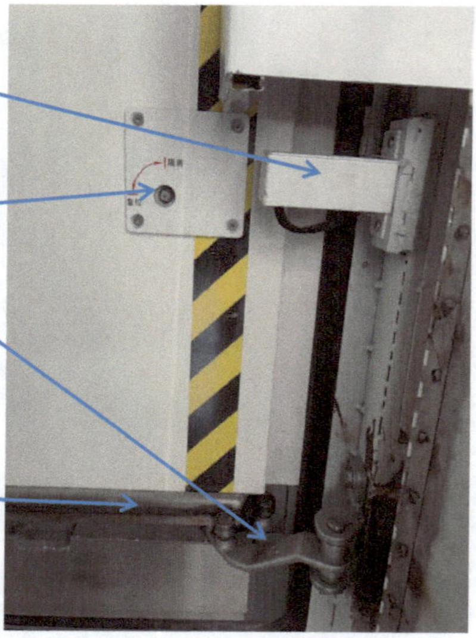
</td></tr>
<tr><td>8</td><td>零部件
认知 3</td><td>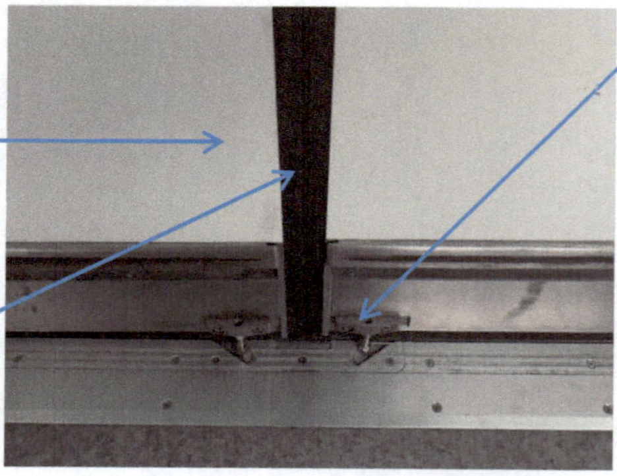
</td></tr>
</table>

任务评价

见表2-3。

表2-3 双扇电动电控塞拉门结构认知任务评价表

课程名称				
任务名称				
组长		组员		
实训地点		日期		
职业素养互评				
评价内容	评价结果			
	A（优）	B（良）	C（中）	D（差）
(1) 操作过程中问题记录及纠错情况				
(2) 小组成员合作互助情况				
(3) 个人防护用品穿戴情况				
(4) 操作完毕后工位整理情况				
(5) 有无改进、创新的动作				
专业技能评价				
评价内容	评价结果			
	A（优）	B（良）	C（中）	D（差）
(1) 回答塞拉门零件名称与实物对应的正确度				
(2) 回答每个零部件的位置及互相之间的配合关系的正确度				
综合评价				

任务2.2 双扇电动电控塞拉门控制电路安装与调试

教学目标

1. 知识目标

(1) 塞拉门电气系统的组成与原理

① 了解塞拉门系统的电气结构和各主要元件的功能，包括升降控制电路、接触器、开关、传感器和接地装置。

② 掌握塞拉门系统的电气信号传递流程和供电控制逻辑。

(2) 线束制作与接线的基本知识

① 学习线缆的分类、规格和颜色编码的意义。

② 掌握接线端子、线束护套和绝缘材料的使用方法与标准。

(3) 电气图纸的识读与理解

能够阅读并理解电气原理图、接线图和线束布置图，明确接线顺序和连接点。

(4) 电气接线的技术规范

① 了解电气接线的规范要求，如线缆压接、端子紧固、导线绝缘处理和线路防护。

② 熟悉接地要求及电气防护措施，确保系统安全运行。

(5) 常见电气故障与排查思路

① 掌握电缆断路、短路、接触不良等常见故障的现象、原因及排查方法。

② 了解如何使用万用表、绝缘电阻测试仪等检测工具。

2. 能力目标

(1) 线束制作与电缆处理能力

① 能够根据电气图纸制作合规的线束，按要求剪裁、剥皮、压接线端子，并安装护套。

② 掌握线缆绑扎与整理技术，确保布线整齐有序，符合美观和安全要求。

(2) 电气接线与安装能力

① 能够正确连接电缆到塞拉门控制单元、传感器及其他元件，保证电气接点可靠。

② 掌握不同类型接线端子的安装技术，如压接式、螺旋式、插接式等。

(3) 电气故障检测与排查能力

① 能熟练使用检测工具检查线路的电压、电流、接地电阻等参数。

② 能根据故障现象及电气图纸，快速找到电路问题的根源并制定排查方案。

(4) 安全操作能力

① 掌握断电检修和安全用电的基本操作，避免发生触电和短路事故。

② 能在系统测试前进行全面检查，确保接线正确、安全可靠。

3. 素质目标

(1) 责任心与安全意识

① 培养高度的责任心，确保每一根线缆连接准确无误，减少因接线错误导致的设备故障或安全事故。

② 强化安全意识，严格执行电气检修的安全规程。

(2) 耐心与细致

① 接线操作需要极高的细致度和耐心，确保每个连接点都符合规范。

② 在操作中培养认真态度，避免粗心大意造成设备损坏或安全隐患。

(3) 团队协作与沟通能力

① 学习与他人协作完成复杂电路的布线与接线任务。

② 在遇到问题时主动与团队成员沟通，讨论解决方案，培养团队合作精神。

(4) 自主学习与持续改进的精神

① 在学习和操作中善于发现问题，并主动寻求改进方法。

② 培养持续提升专业技能的习惯，不断提高操作水平。

学习难点与重点

1. 学习难点

(1) 多线路的布置与整齐化处理。

(2) 多条电缆的同时连接和布置容易混乱，需要学生在操作时特别注意。

(3) 如何在有限的空间内做到布线整齐、美观并符合安全标准是操作的难点。

(4) 电气图纸与实物的对应分析。

(5) 初学者可能难以将电气图中的符号和元件与实际设备一一对应，需要学生具有较强的图纸识读和分析能力。

(6) 接线错误的检测与纠正。

(7) 在复杂的电气系统中，一旦出现接线错误，就需要学生根据电气图纸和检测数据快速定位问题并纠正。

(8) 电气故障的排查与判断。

(9) 某些隐性故障（如间歇性接触不良）在测试中不易发现，需要学生有耐心和细致的排查能力。

2. 学习重点

(1) 准确识读电气图纸。

(2) 正确理解电气原理图和接线图的各个符号和连接关系，确保操作准确无误。

(3) 线束制作与接线的规范化操作。

(4) 掌握线缆的剪裁、端子压接与固定技术，保证线束的美观、可靠和安全。避免接线松动、脱落或接触不良，确保系统运行稳定。

(5) 电气系统的调试与测试。

(6) 对完成接线的系统进行通电测试，确保所有连接点正常工作。对可能存在的故障进行预防性检测，并做好记录。

任务说明

作业任务	双扇电动电控塞拉门控制电路安装与调试	供电条件	先断电/后通电	二维码	
作业人数	4	作业时间	45 min		
人员分工	两人负责线束制作；一人负责压接端子；一人负责打印线号				
安全注意事项	1. 操作前，正确佩戴安全帽、劳保手套。 2. 操作过程中，不允许追逐打闹，严格按照实训室教师安排进行操作。 3. 如需开关门，则提前口呼开关门操作，待他人完全知晓后再操作。 4. 整个线束制作、接线过程断电完成，严禁通电。 5. 接线完毕，提前向教师申请通电，教师确认后，在教师监督下方可通电。				

任务准备

1. 知识准备

学生操作前，需要扫描二维码，观看操作视频。

2. 操作准备

（1）学生在操作前，需要阅读实训室使用注意事项和任务安全注意事项。

（2）学生在操作前，需要提前复习电工工具使用方法。

3. 用品准备（见表2-4）

表2-4　任务2.2 用品清单

类别	序号	名称	规格型号	数量	单位	备注
工量具	1	压线钳	（U型、O型、卡簧、管状）	各1	把	
	2	剥线钳	通用	1	把	
	3	钢卷尺	通用	1	把	
	4	软线	0.5 mm^2/1 mm^2	各1	卷	
	5	U型端子	1 mm^2	1	盒	
	6	O型端子	1 mm^2	1	盒	

续表

类别	序号	名称	规格型号	数量	单位	备注
工量具	7	管状端子	0.5 mm^2/1 mm^2	各1	盒	
	8	卡簧端子	1 mm^2	1	盒	
	9	热缩管	3 mm^2	1	卷	
	10	扎带	通用	1	袋	
个人防护用品	1	安全帽	通用	4	个	
	2	劳保鞋	通用	4	双	
	3	劳保手套	通用	4	双	

任务实施

见表2-5。

表2-5 双扇电动电控塞拉门控制电路安装与调试操作指导

序号	作业项目	作业内容及图示
1	控制线路图的识读要点	1. 电路图分区 城轨车辆电路图借用平面坐标形式定位。横向用数字“1，2，3，…”均分，纵向用字母“A，B，C，…”均分，并用文字区描述电路，说明电路的功能类型、图名、功能组号和页码。 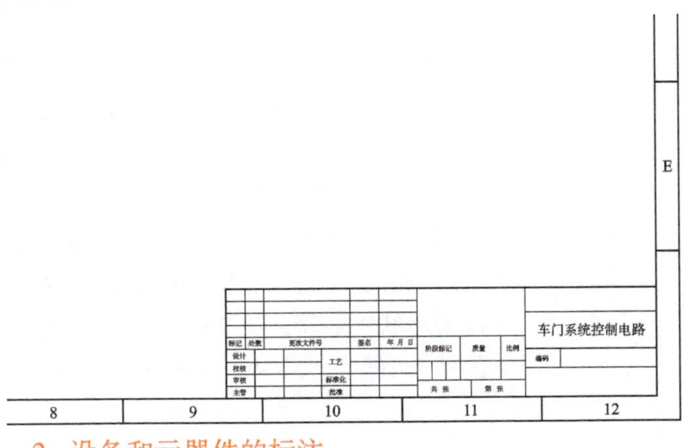 2. 设备和元器件的标注 城轨车辆设备和元器件的标注采用流水号的标注方法。一般为3位，由数字与字母组合而成，第1位是数字，表示电路类型；第2位是字母，表示设备及元器件类型；第3位是数

续表

<table>
<tr><th>序号</th><th>作业项目</th><th>作业内容及图示</th></tr>
<tr><td>1</td><td>控制线路图的识读要点</td><td>
字，表示该设备及元器件的序号。例如，对于名字为“2-K01”的设备：2——器件属于牵引/制动控制电路；K——接触器/继电器；01——该类器件的第1个设备。
设备及元器件类型常用文字符号如下：
<table>
<tr><th>文字符号</th><th>说明</th><th>文字符号</th><th>说明</th></tr>
<tr><td>A</td><td>主控制器</td><td>K</td><td>接触器、继电器</td></tr>
<tr><td>C</td><td>电容器</td><td>V</td><td>电子管、晶体管</td></tr>
<tr><td>M</td><td>电动机</td><td>S</td><td>按钮和旋转开关</td></tr>
<tr><td>F</td><td>保护电器</td><td>Y</td><td>车钩电气接线盒</td></tr>
<tr><td>G</td><td>发电机、发生器、电源</td><td>R</td><td>电阻</td></tr>
<tr><td>B</td><td>传感器</td><td>H</td><td>指示灯</td></tr>
</table>
✲ 备注：设备的线圈图形符号旁边标注的器件代号应与所有该设备的各触点旁边标注的代号保持一致。
3. 识别导线号
导线号的标注采用等电位原则，即回路中连于一点的所有导线，具有相同电位，被标以相同的线号，而被线圈、绕组、触点或电阻等元件（或部件）所隔开的线段则视为不同的线段，标以不同的线号。
导线线号采用5位或者6位数字标注。对于5位的线号，第1位数字表示电路类型，第2位、第3位表示该类电路的第几张图样，最后两位表示该导线的标号。对于6位的线号，往往是第1位、第2位表示电路类型，其余与5位线号表式法一样。
4. 电气联锁标注
城轨车辆电路元件的联锁及接触器的主触头的画法仍采用“左开右闭，上开下闭”的方法表示，用两位数字标注，第1位表示联锁顺序；第2位则成对出现，“1、2”表示常闭联锁的两个节点，“3、4”表示常开联锁的两个节点，示例如下：
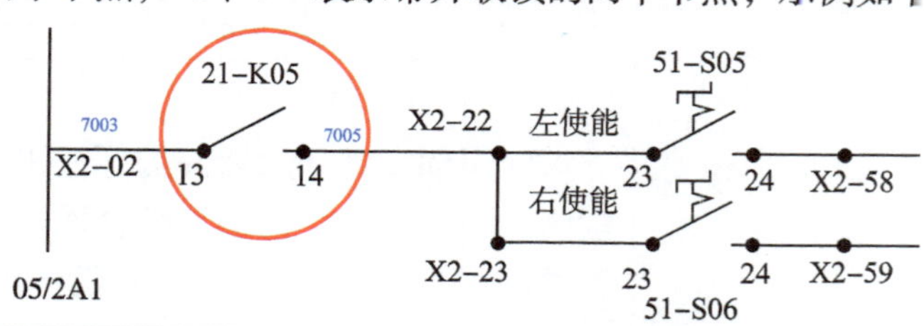

</td></tr>
</table>

续表

<table>
<tr><th>序号</th><th>作业项目</th><th>作业内容及图示</th></tr>
<tr><td>2</td><td>车门控制原理解读</td><td>
电子门控单元 EDCU 的作用是对输入的门控指令进行判断，根据安全的指令控制车门电机动作，并持续检测车门状态。
开门需要零速信号和开门指令，开门指令由司机手动输出或由 ATO 系统输出。EDCU 不允许列车在没有零速信号的状态下开门，但允许列车在任何情况下关门。
开/关门逻辑关系（有零速信号情况下）如下：
<table>
<tr><th>开门指令</th><th>关门指令</th><th>门使能信号</th><th>车门状态</th></tr>
<tr><td>有</td><td>无</td><td>有</td><td>车门打开</td></tr>
<tr><td>任意状态</td><td>有</td><td>任意状态</td><td>车门关闭</td></tr>
<tr><td>有</td><td>无</td><td>无</td><td>不动作</td></tr>
</table>
在无零速信号下，只能执行关门操作。
当所有车门被关闭且锁闭时，车门全关闭指示灯亮。若有任意门未关闭到位，车门全关闭灯熄灭。
1. 门使能信号
有车载 ATP 系统保护时：门使能信号由车载 ATP 系统输出，输出条件如下：
（1）指令控制 CC 通过信号的速度传感器检测到列车处于零速状态。
（2）列车准确停车，未超过允许的误差范围。
（3）列车已实施常用制动。
无车载 ATP 系统保护时：电子门控单元 EDCU 仅将 TC 车的 5 km/h 速度继电器 5SDR 输出的零速信号作为门使能信号。
2. 车门零速信号
制动电子控制单元 BECU 通过速度传感器 S1、S2、S3、S4 来检测本节车 4 个轴的速度，并取平均值。当平均值小于 5 km/h 时，则认为本节车停稳，使本车 5 km/h 速度继电器 5SDR 得电；当本单元 TC 车、MP 车、M 车的 5 km/h 速度继电器 5SDR 都得电时，零速度继电器 5SDRR 得电，表示本单元停稳。任意一节车的 BECU 检测到该节车速度大于 5 km/h 时，任意 5 km/h 速度继电器 5SDR 失电都会导致零速度继电器 5SDRR 失电，表示本单元未停稳
</td></tr>
</table>

续表

序号	作业项目	作业内容及图示
3	车门控制电路分析	车门控制电路识读： 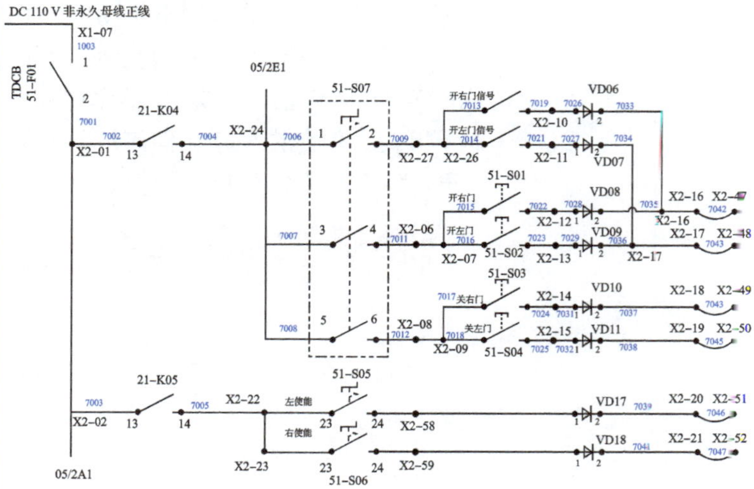 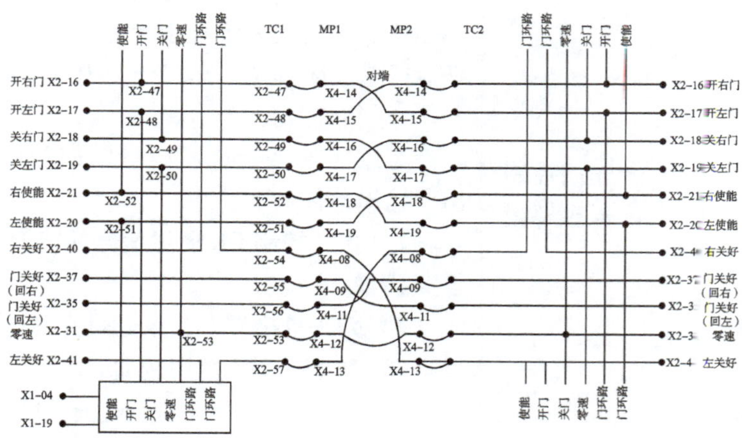 1. 开关门信号 DC 110 V 正线经 X1-07 端子→断路器 51-F01（TDCB）→经端子 X2-01，继电器 21-K04 线圈得电后动作，使其动合触点 13-14 闭合，经 X2-24 端子，有三条支路，由 51-S07 门模式开关控制： 1）自动开门信号 门模式开关 51-S07 触点 1-2 闭合→经 X2-27 和 X2-26 端子，开右门信号或开左门信号触点闭合→经过 X2-10 或 X2-11 端子→经过二极管 VD06 或 VD07 到 X2-16 和 X2-17 端子，本单元发出开门信号指令后，继续向前贯穿整列车→经 X4-14 端子，交叉到另外一个单元车的 X4-15 端子排。两个单元车连接的形式使得当单元一车的左门开时，单元二车为右门开，因

续表

<table>
<tr><th>序号</th><th>作业项目</th><th>作业内容及图示</th></tr>
<tr><td>3</td><td>车门控制电路分析</td><td>此会在 MP1 和 MP2 车处进行电路交叉。当 EDCU 接收到开门指令后，车门打开。
2）手动开门信号
门模式开关 51-S07 触点 3-4 闭合→经 X2-06 或 X2-07 端子→司机手动按下开右门的按钮 51-S01 或开左门的按钮 51-S02 后，分别经过二极管 VD08 或 VD09→经 X2-16 或 X2-17 端子，发出开门指令。
3）手动关门信号
门模式开关 51-S07 触点 5-6 闭合（即门模式选择开关选择自动开/手动关和手动开/手动关任意模式）→经 X2-08 或 X2-09 端子→司机操作关右门按钮 51-S03 或关左门按钮 51-S04，通过 X2-14 或 X2-15 端子→通过二极管 VD10 或 VD11，到 X2-18 或 X2-19 端子，说明 X2-18、X2-19 两个节点发出的是关门信号指令，其中 X2-18 关右门，X2-19 关左门。另一单元车在 X4-16 端子处交叉，实现关左门指令。
2. 门使能信号
DC 110 V 正线经 X1-07 端子→断路器 51-F01（TDCB）→经端子 X2-02，继电器 21-K05 线圈得电后动作，继电器的动合触点 13-14 闭合→经 X2-22 或 X2-23 端子排后，由司机操作 51-S05 或 51-S06，分别发出左使能信号和右使能信号。
✻ 备注：正常运行的车辆，它的门使能信号由多个元素组成，例如停车对标的准确度、车门零速信号等，本节的门使能信号采用手动发出，司机手动按下开关 51-S05 或 51-S06</td></tr>
<tr><td>4</td><td>根据车门控制电路进行线束制作(布线)</td><td>根据电路原理图识读各连接点，依照布线规范取合适长度的电缆。确保线材能够灵活、合理布置，避免拉紧或松弛。
步骤：
（1）参照电路图识别各连接点。
（2）预估布线路径，选择适当的线材长度。
（3）将线束固定在指定路径，并用扎带固定
</td></tr>
</table>

续表

序号	作业项目	作业内容及图示
5	根据车门控制电路进行线束制作(打印线号)	根据电路图，识别每根线材的接点位置，打印相应的线号标识，确保后续接线准确。 步骤： （1）识别各连接端口的线号。 （2）在每根线缆的两端打印和粘贴线号标签。 （3）确认线号清晰可见、粘贴牢固 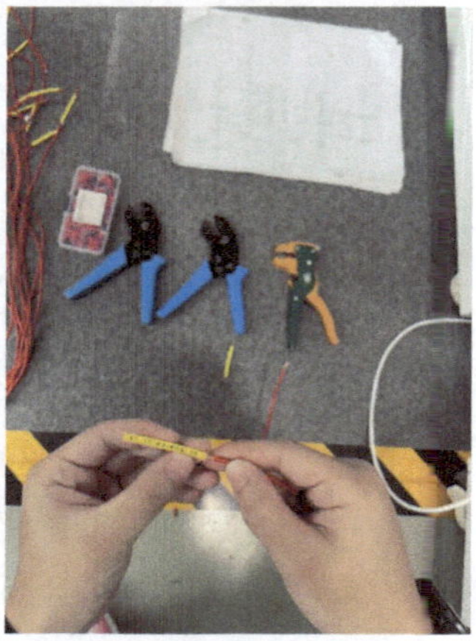
6	根据车门控制电路进行线束制作(剥线)	使用剥线钳剥除电缆端部的绝缘皮，剥离长度需与端子接触面长度一致。 步骤： （1）使用剥线钳在电缆端部合适位置轻轻夹住并剥除绝缘皮。 （2）检查剥离后的导线，应无毛刺、无损坏 
7	根据车门控制电路进行线束制作(端子压接)	1. 管状端子的压接工艺 （1）插入端子：将剥离后的线芯完全插入管状端子内，确保线芯在端子内无松动。 （2）压接：使用管状压线钳，对端子两侧均匀用力压接。需确保压接力度足够，端子与导线之间无缝隙。 （3）检查压接质量：观察压接后的端子，确认无松动或脱落现象，可以轻拉线缆验证牢固度。 2. U 型端子的压接工艺 （1）插入端子：将剥离后的线芯放入 U 型端子的开放口内，确保所有线芯均在压接区内。 （2）压接：使用 U 型压线钳或适配工具进行压接，用力使 U 型部分压紧线芯，确保压接部位的紧密接触。 （3）检验压接效果：用手轻拉线缆，确保端子压接后没有松动，并观察端子有无变形或破损。

续表

序号	作业项目	作业内容及图示
7	根据车门控制电路进行线束制作(端子压接)	3. 注意事项 (1) 压接过程中，应确保线芯完全位于U型端子压接区，不得外露。 (2) 压接后，检查端子接触面是否完整覆盖线芯，确保电气连接的可靠性 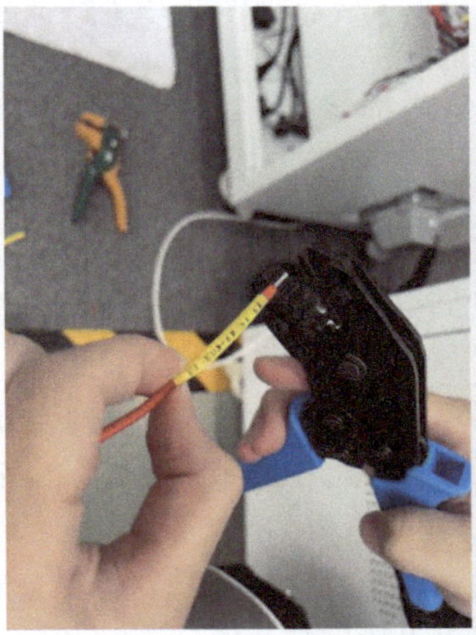 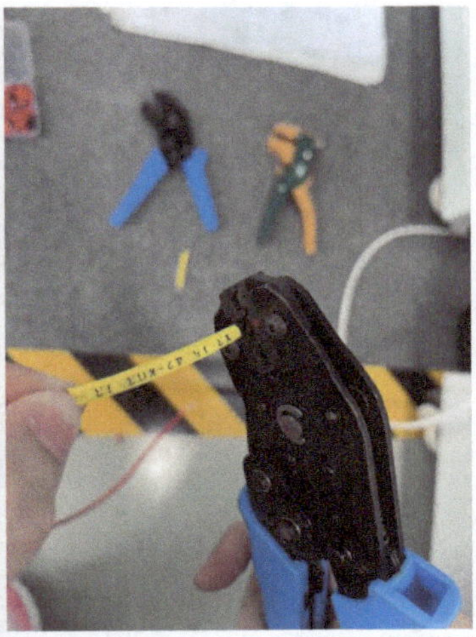
8	根据车门控制电路进行电气接线	根据电路原理图，连接线束到相应的接线端子，确保接线准确并符合电气标准。 步骤： (1) 对照原理图，确定每个接线端子的线缆编号。 (2) 将相应的线缆逐一接入对应端子。 (3) 检查接线牢固，确保无松动或接触不良  

续表

序号	作业项目	作业内容及图示
9	根据车门控制电路进行电气试验	根据电气原理图，通过测试设备检查各功能是否实现，确保电路正常。 步骤： （1）使用万用表测量各连接点的电压和电阻。 （2）根据电气原理图逐步进行通断测试，确认所有功能正确实现 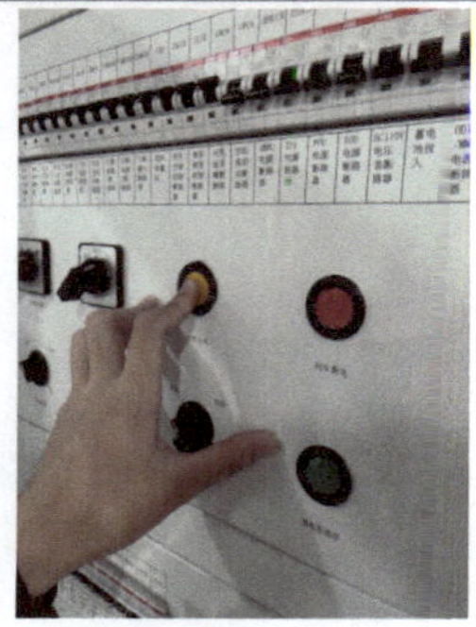
10	根据车门电气试验结果进行电路故障排查	1. 确认故障区域 根据电路原理图和故障现象，初步判断可能出问题的电路部分，例如电源供电、开关位置或负载等。 2. 确定测量点 在故障区域内选择合适的中间点进行分段检测，通常从电源输出到故障点的中间节点开始，以缩小排查范围。 3. 万用表设置 将万用表调至直流电压挡，选择合适的电压量程，确保量程大于被测电压的预计值。 4. 通电测量 通电后，用黑表笔接地，用红表笔接触中间测量点，记录该测点的电压值。 5. 判断测量结果 根据电压读数判断故障方向： 电压正常：表示故障在中间点后方的电路部分。 电压异常（过高或过低）：表示故障在中间点前方的电路部分。 6. 缩小排查范围 根据测量结果，将故障范围缩小到确定区域后，继续在该区域的中间位置进行下一次分段测量。 重复步骤 4 和 5，逐步缩小故障区域，直至找到具体故障点。 7. 最终确认 一旦定位到具体故障位置，则进一步检查该部分的连接、元件和电压状态，确认故障是否来自断路、短路、元件失效等原因 

任务评价

见表2-6。

表2-6 双扇电动电控塞拉门控制电路安装与调试任务评价表

课程名称				
任务名称				
组长		组员		
实训地点		日期		
职业素养互评				
评价内容	评价结果			
	A（优）	B（良）	C（中）	D（差）
(1) 操作过程中问题记录及纠错情况				
(2) 小组成员合作互助情况				
(3) 个人防护用品穿戴情况				
(4) 操作完毕后工位整理情况				
(5) 有无改进、创新的动作				
专业技能评价				
评价内容	评价结果			
	A（优）	B（良）	C（中）	D（差）
(1) 塞拉门控制电路安装与调试工具使用熟练度				
(2) 塞拉门控制电路安装与调试结果正确度				
(3) 塞拉门控制电路安装与调试步骤完整度				
综合评价				

任务2.3 双扇电动电控塞拉门机械尺寸调整（V形）

教学目标

1. 知识目标

（1）V形尺寸的定义及调整意义

① 了解V形尺寸的定义，即指的是两扇门在完全闭合时的间隙及其几何对称性。

② 掌握V形尺寸对门体密封性、抗风压和开关灵活度的影响。

（2）调整工具和仪表的使用方法

① 熟悉常用调整工具，如扳手、钢卷尺。

② 掌握使用测量工具准确测量V形尺寸的方法。

（3）塞拉门检修相关的安全规范

了解调整塞拉门时的安全操作规程，如断电检修和防止门体夹人装置的使用。

2. 能力目标

（1）门扇与滑轨的精确调整能力

① 掌握滑轨和门扇之间的定位与调节方法，确保门体在闭合时保持精确对称。

② 能熟练地调整V形尺寸，避免尺寸过大或过小导致的开合异常。

（2）测量与数据记录能力

① 能够使用游标卡尺、千分尺等工具准确测量V形尺寸，并记录测量数据进行分析。

② 能分析和排查由于V形尺寸不当导致的运行故障（如门体无法完全闭合、卡滞或异响）。

3. 素质目标

（1）责任心与安全意识

① 培养对乘客安全和设备运行负责的态度，确保每次调整都符合规范，减少隐患。

② 强化在操作过程中的安全意识，避免误操作导致夹人或设备损坏。

（2）耐心与细致的操作态度

① V形尺寸调整需要极高的精度，培养学生在操作时的耐心和专注力。

② 面对反复的测量和调试过程，培养学生保持冷静和细致，不急躁，不妥协的能力。

（3）团队协作与沟通能力

① 在调整任务中学会与他人协作，共同分析数据和解决问题，提升团队配合能力。

② 学会在遇到疑难问题时及时沟通，听取他人建议，并制定解决方案。

（4）自主学习与创新精神

① 在学习和实践中不断总结经验，探索更高效的调整方法。

② 培养面对问题时主动思考、独立解决问题的能力。

学习难点与重点

1. 学习难点

（1）V形尺寸的高精度调整

① V形尺寸的调整需要非常精确的操作，稍有误差会导致门体密封性降低或开关异常。

② 不同运行环境（如高湿、高温等）可能对尺寸产生细微影响，需要学生根据环境进行微调。

（2）故障排查与隐性问题的解决

① 某些隐性问题（如间歇性卡滞或门体开关时异响）可能在初次调试时难以发现，需要耐心排查。

② 学生需要根据故障现象，结合电气系统和机械系统的知识进行分析和判断。

2. 学习重点

① 掌握V形尺寸的测量方法和调整技巧，确保门扇在闭合时完全对称，且符合设计规范。

② 掌握不同运行环境下（如不同温度、湿度）的尺寸调整标准，确保门体长期稳定运行。

任务说明

<table>
<tr><td>作业任务</td><td>双扇电动电控塞拉门机械尺寸调整（V形）</td><td>供电条件</td><td>断电</td><td rowspan="2">二维码</td><td rowspan="2"></td></tr>
<tr><td>作业人数</td><td>2</td><td>作业时间</td><td>15 min</td></tr>
<tr><td>人员分工</td><td colspan="5">1. 一人负责尺寸测量，一人负责尺寸记录。
2. 两人各自调整一边门扇</td></tr>
<tr><td>安全注意事项</td><td colspan="5">1. 操作前，正确佩戴安全帽、劳保手套。
2. 操作过程中，不允许追逐打闹，严格按照实训室教师安排进行操作。
3. 如需开关门，则提前口呼开关门操作，待他人完全知晓后再操作。
4. 整个操作过程断电完成，严禁通电</td></tr>
<tr><td>备注</td><td colspan="5">1. 任务完成后，正确填写实训报告。
2. 如遇问题，小组内部先互相讨论，并记录问题，然后问教师</td></tr>
</table>

任务准备

1. 知识准备

学生在操作前，需要扫描二维码，观看操作视频。

2. 操作准备

（1）学生在操作前，需要阅读实训室使用注意事项和工作任务安全注意事项。

（2）学生在操作前，需要熟悉钳工工具使用规范。

3. 用品准备（见表2-7）

表2-7　任务2.3 用品清单

类别	序号	名称	规格型号	数量	单位	备注
工量具	1	内六角扳手	6 mm	2	把	
	2	钢卷尺	通用	1	把	
	3	开口扳手	27 mm	1	把	
	4	内六角扳手	8 mm	2	把	
个人防护用品	1	安全帽	通用	2	个	
	2	劳保鞋	通用	2	双	
	3	劳保手套	通用	2	双	

任务实施

见表2-8。

表2-8　双扇电动电控塞拉门机械尺寸调整（V形）操作指导

序号	作业项目	作业内容及图示
1	操作前准备	准备工具量具，包括：27 mm 开口扳手、钢卷尺、8 mm 内六角扳手 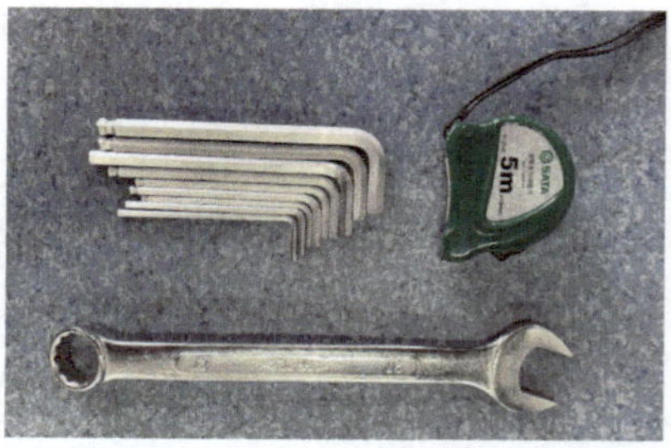

续表

序号	作业项目	作业内容及图示
2	位置调整	将车门打开至直道位置，即携门架上滚轮处于上滑道直道刻度右侧 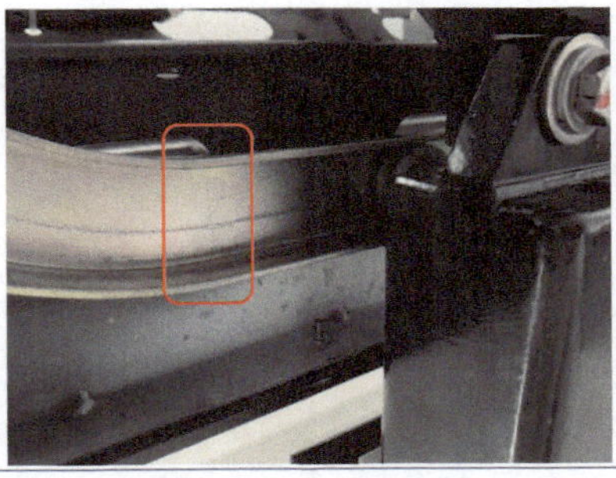
3	调整前尺寸测量	（1）测量左、右门扇各自护指胶条上、下两处到门压条之间的距离。 （2）测量两门之间护指胶条上、下两处距离（V形）。 **注意：**“上”指携门架和门芯窗之间，“下”指下滑道处 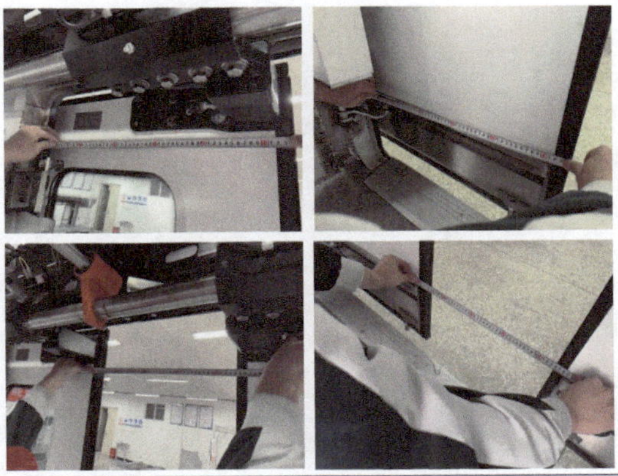
4	尺寸调整	（1）使用内六角扳手，松开携门架上用于紧固车门的四个紧固螺栓和一个偏心轮紧固螺栓。 （2）使用27 mm开口扳手旋转偏心轮，使得车门下部左右移动 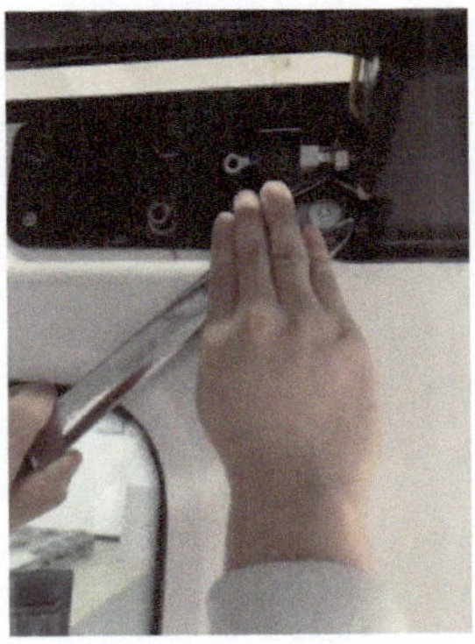

续表

序号	作业项目	作业内容及图示
5	V形尺寸调整要求及注意事项	（1）两门之间护指胶条上、下两处距离：上部比下部大2～5 mm。 （2）车门关闭后，两门护指胶条无漏光。 **注意：**使用开口扳手调整偏心轮时，要使扳手与携门架贴合 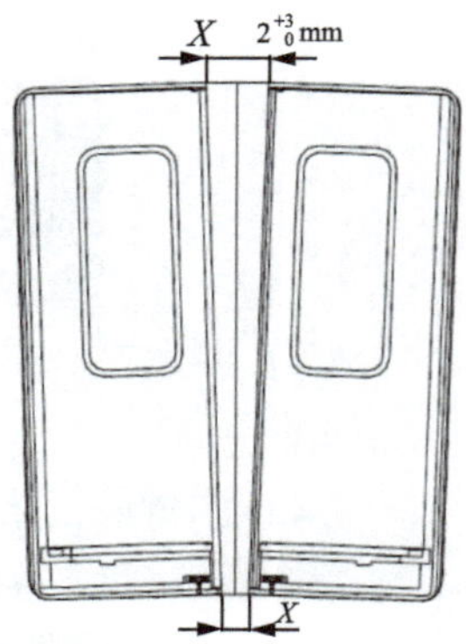
6	一作业一清扫	（1）将工具收集整理放入工具箱内。 （2）清扫工作区域 

任务评价

见表2-9。

表2-9 双扇电动电控塞拉门机械尺寸调整（V形）任务评价表

<table>
<tr><td>课程名称</td><td colspan="4"></td></tr>
<tr><td>任务名称</td><td colspan="4"></td></tr>
<tr><td>组长</td><td></td><td>组员</td><td colspan="2"></td></tr>
<tr><td>实训地点</td><td></td><td>日期</td><td colspan="2"></td></tr>
<tr><td colspan="5">职业素养互评</td></tr>
<tr><td rowspan="2">评价内容</td><td colspan="4">评价结果</td></tr>
<tr><td>A（优）</td><td>B（良）</td><td>C（中）</td><td>D（差）</td></tr>
<tr><td>（1）操作过程中问题记录及纠错情况</td><td></td><td></td><td></td><td></td></tr>
<tr><td>（2）小组成员合作互助情况</td><td></td><td></td><td></td><td></td></tr>
<tr><td>（3）个人防护用品穿戴情况</td><td></td><td></td><td></td><td></td></tr>
<tr><td>（4）操作完毕后工位整理情况</td><td></td><td></td><td></td><td></td></tr>
<tr><td>（5）有无改进、创新的动作</td><td></td><td></td><td></td><td></td></tr>
<tr><td colspan="5">专业技能评价</td></tr>
<tr><td rowspan="2">评价内容</td><td colspan="4">评价结果</td></tr>
<tr><td>A（优）</td><td>B（良）</td><td>C（中）</td><td>D（差）</td></tr>
<tr><td>（1）V形尺寸调整工具使用熟练度</td><td></td><td></td><td></td><td></td></tr>
<tr><td>（2）V形尺寸调整结果正确度</td><td></td><td></td><td></td><td></td></tr>
<tr><td>（3）V形尺寸调整步骤完整度</td><td></td><td></td><td></td><td></td></tr>
<tr><td>综合评价</td><td colspan="4"></td></tr>
</table>

任务2.4 双扇电动电控塞拉门机械尺寸调整（密封性）

教学目标

1. 知识目标

(1) 理解车门不同位置摆出的影响

前部摆出、后部摆出和下部摆出对门体贴合性和密封性的影响。

(2) 密封性尺寸的定义及调整标准

① 了解密封性尺寸的定义，即指的是门体与门框之间的间隙、两扇门之间的贴合度。

② 掌握不同位置（前部、后部、下部）摆出的调整标准和限值，确保门体密封不漏风、不进水。

(3) 机械调整工具及仪表的使用方法

① 熟悉所需的工具和测量仪表，如扳手、钢卷尺等。

② 掌握测量门体各部位间隙和摆出量的方法。

(4) 机械调整与门体安全性能的关系

① 了解机械尺寸与安全性能的关系，如门体的密封性、抗风压能力及运行平稳性。

② 掌握调整中的误差控制和如何优化机械结构以提高密封性。

2. 能力目标

(1) 准确测量与数据分析能力

① 能够使用测量工具测量门体的前部、后部和下部的间隙及摆出量，确保数据符合设计标准。

② 能分析测量数据，并根据偏差提出相应的调整方案。

(2) 机械调整与安装能力

① 掌握门扇与导向装置的安装和调整技术，确保门体与门框之间间隙合理。

② 能独立完成前部摆出、后部摆出和下部摆出的精确调整，确保门体位置适中。

(3) 故障排查与解决能力

在门体调整过程中，若出现异响、密封不良等问题，能迅速分析原因并提出解决方案。

3. 素质目标

（1）责任心与安全意识

① 具备高度责任心，在调整过程中注重细节，避免因尺寸偏差导致门体漏风或运行异常。

② 强化安全意识，确保调整时严格执行操作规程，防止误操作导致设备损坏或安全事故。

（2）耐心与细致的工作态度

① 机械尺寸的调整要求高度精确，在操作中培养学生耐心细致的操作习惯，确保每一步都按规范进行。

② 面对多次测量与调整的过程，需要学生保持冷静和专注，不急躁。

（3）团队协作与沟通能力

① 在调整任务中与团队成员密切配合，共同解决问题，提高团队合作能力。

② 学会在遇到疑难问题时主动与他人沟通，听取建议，共同优化调整方案。

（4）自主学习与持续改进的精神

① 培养自主发现问题、独立思考的能力，在调整过程中不断总结经验和教训。

② 积极探索新的调整方法，提升自身专业水平。

学习难点与重点

1. 学习难点

（1）在调整过程中，需要多次测量并反复调试，以达到标准尺寸。这对学生的耐心和细致度是一个挑战。

（2）各部位之间尺寸调整相互影响，需要学生掌握如何在调整过程中逐步优化整体结构。

（3）不同摆出位置的协调与配合。

（4）前部、后部和下部摆出的调整不是独立的，需要相互协调，这增加了操作的难度。

2. 学习重点

（1）三部分摆出的精准调整要求如下：

① 前部摆出：确保门扇前端与门框的间隙均匀，不影响密封性。

② 后部摆出：保证门体在关闭时后端完全贴合，避免产生缝隙。

③ 下部摆出：控制门体下沿与滑轨之间的间隙，避免卡滞并提高密封性。

（2）保证门体在关闭时平稳顺滑，没有异常振动或异响。

任务说明

<table>
<tr><td>作业任务</td><td>双扇电动电控塞拉门机械尺寸调整（密封性）</td><td>供电条件</td><td>断电</td><td rowspan="2">二维码</td><td rowspan="2"></td></tr>
<tr><td>作业人数</td><td>2</td><td>作业时间</td><td>15 min</td></tr>
<tr><td>人员分工</td><td colspan="5">1. 一人负责尺寸测量，一人负责尺寸记录。
2. 两人各自调整一边门扇</td></tr>
<tr><td>安全注意事项</td><td colspan="5">1. 操作前，正确佩戴安全帽、劳保手套。
2. 操作过程中，不允许追逐打闹，严格按照实训室教师安排进行操作。
3. 如需开关门，则提前口呼开关门操作，待他人完全知晓后再操作。
4. 整个操作过程断电完成，严禁通电</td></tr>
<tr><td>备注</td><td colspan="5">1. 任务完成后，正确填写实训报告。
2. 如遇问题，小组内部先互相讨论，并记录问题，然后问教师</td></tr>
</table>

任务准备

1. 知识准备

学生在操作前，需要扫描二维码，观看操作视频。

2. 操作准备

（1）学生在操作前，需要阅读实训室使用注意事项和工作任务安全注意事项。

（2）学生在操作前，需要熟悉钳工工具使用规范。

3. 用品准备（见表 2-10）

表 2-10　任务 2.4 用品清单

类别	序号	名称	规格型号	数量	单位	备注
工量具	1	套筒扳手	16#	2	把	
	2	钢卷尺	通用	2	把	
	3	开口扳手	24 mm	2	把	
个人防护用品	1	安全帽	通用	2	个	
	2	劳保鞋	通用	2	双	
	3	劳保手套	通用	2	双	

任务实施

1. 双扇电动电控塞拉门前摆调整

见表 2-11。

表 2-11　双扇电动电控塞拉门前摆调整操作指导

序号	作业项目	作业内容及图示
1	操作前准备	准备工量具，包括：16#套筒扳手、钢卷尺等 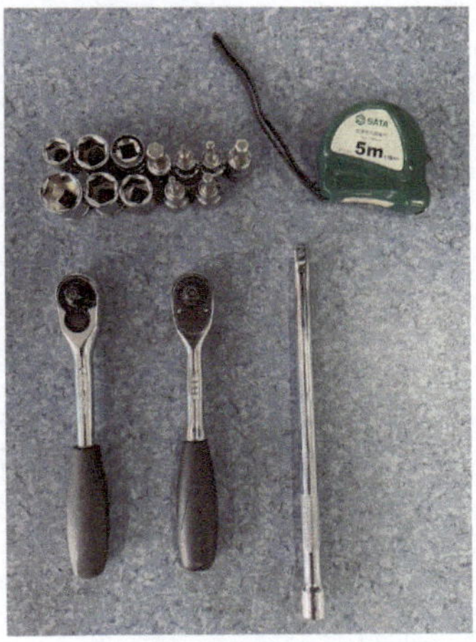
2	位置调整	将车门完全打开，即门开度缓冲头接触到车体边框 
3	调整前尺寸测量	测量车门靠近护指胶条一侧外表面到车体外表面的距离 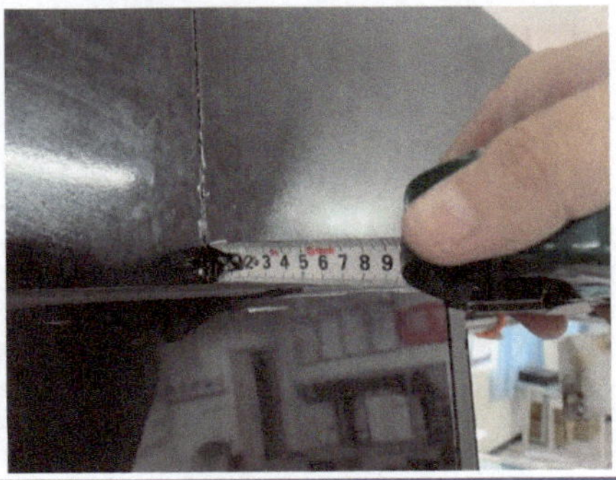

续表

<table>
<tr><th>序号</th><th>作业项目</th><th>作业内容及图示</th></tr>
<tr><td>4</td><td>尺寸调整</td><td>（1）使用套筒扳手拧松上滑道远离中心一侧的紧固螺母。
（2）用手里外拉动上滑道，调整螺栓在长圆孔中的位置
</td></tr>
<tr><td>5</td><td>前摆尺寸调整要求</td><td>（1）车门靠近护指胶条一侧外表面到车体外表面的距离为 56^{+2}_{-4} mm。
（2）车门关闭后，四周无漏光
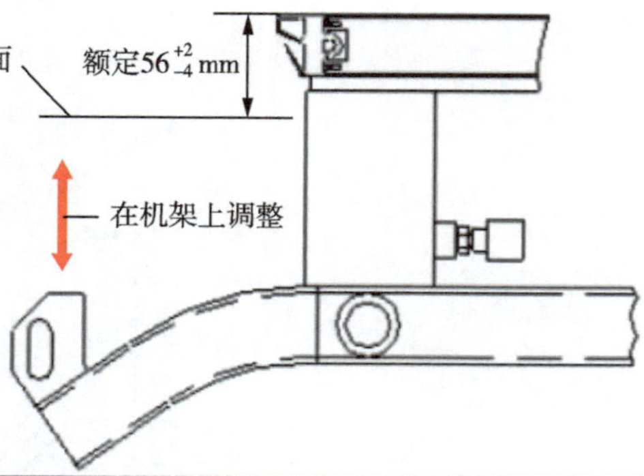
</td></tr>
<tr><td>6</td><td>一作业一清扫</td><td>（1）将工具收集整理放入工具箱内。
（2）清扫工作区域

</td></tr>
</table>

2. 双扇电动电控塞拉门后摆调整

见表 2-12。

表 2-12　双扇电动电控塞拉门后摆调整操作指导

序号	作业项目	作业内容及图示
1	操作前准备	准备工具量具，包括：16#套筒扳手、钢卷尺、24 mm 开口扳手 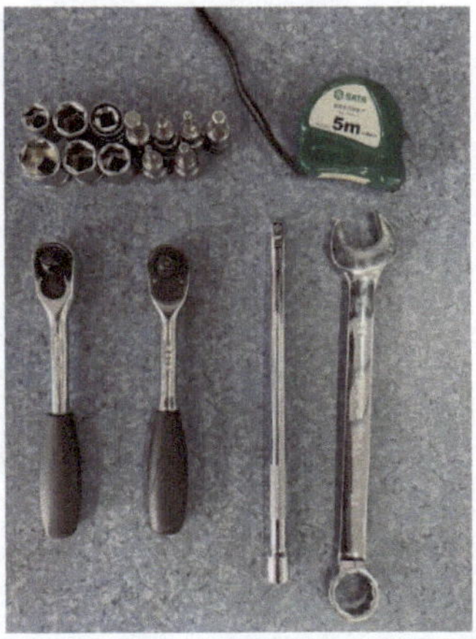
2	位置调整	将车门完全打开，要求门开度缓冲头接触到车体边框 
3	调整前尺寸测量	测量车门远离护指胶条一侧外表面到车体外表面的距离 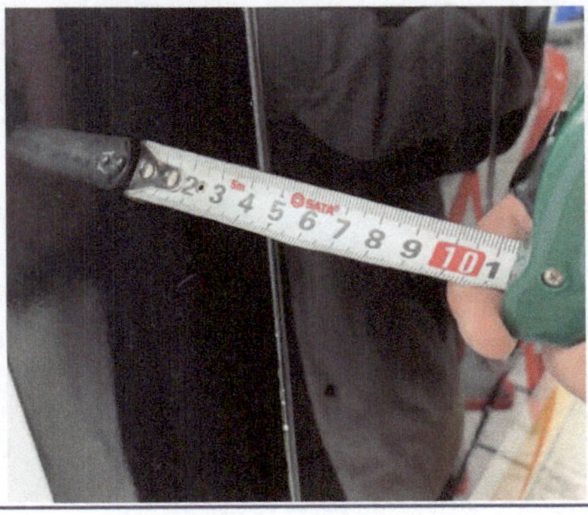

续表

序号	作业项目	作业内容及图示
4	尺寸调整	（1）使用套筒扳手拧松携门架平行度调整螺栓。 （2）用开口扳手旋转端部偏心螺柱 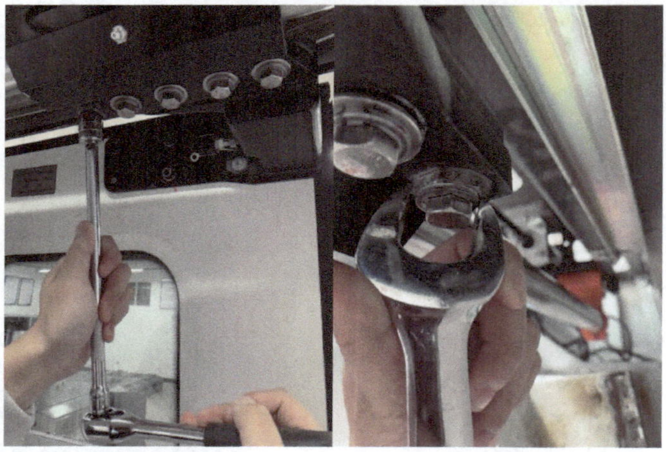
5	后摆尺寸调整要求	（1）车门远离护指胶条一侧外表面到车体外表面距离为 56^{+2}_{-4} mm。 （2）车门关闭后，四周无漏光
6	一作业一清扫	（1）将工具收集整理放入工具箱内。 （2）清扫工作区域 

3. 双扇电动电控塞拉门下摆调整

见表 2-13。

表 2-13　双扇电动电控塞拉门下摆调整操作指导

序号	作业项目	作业内容及图示
1	操作前准备	准备工具量具，包括：16#套筒扳手、钢卷尺 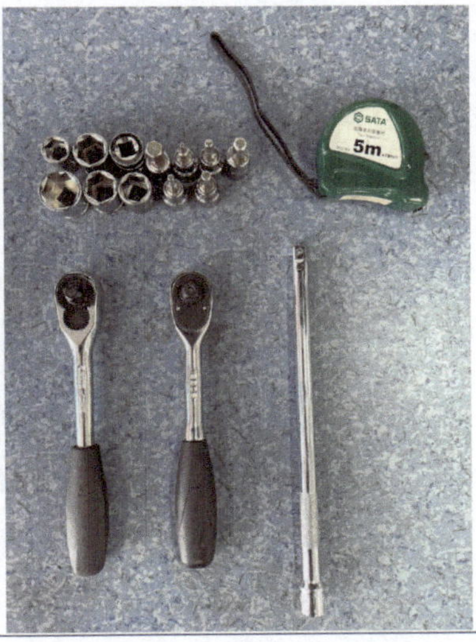
2	位置调整	将车门完全打开，要求门开度缓冲头接触到车体边框 
3	调整前尺寸测量	测量车门远离护指胶条一侧下表面到车体外表面的距离 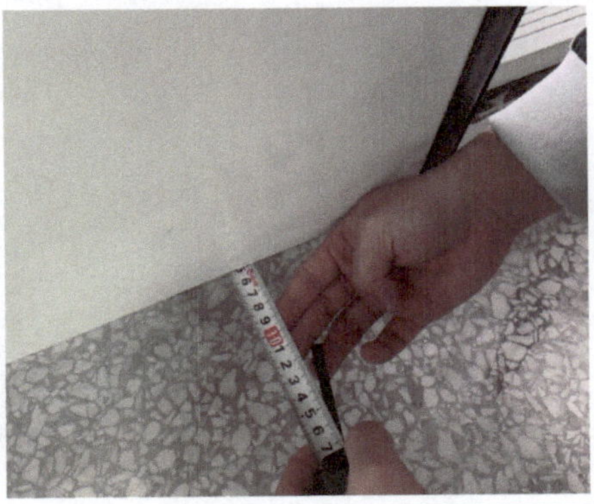

续表

<table>
<tr><th>序号</th><th>作业项目</th><th>作业内容及图示</th></tr>
<tr><td>4</td><td>尺寸调整</td><td>（1）使用套筒扳手拧松下摆臂紧固螺栓。
（2）用手拉动下摆臂，调整螺栓在长圆孔中的位置
</td></tr>
<tr><td>5</td><td>下摆尺寸调整要求</td><td>（1）车门远离护指胶条一侧下表面到车体外表面距离应为 56^{+2}_{-4} mm。
（2）车门关闭后，四周无漏光
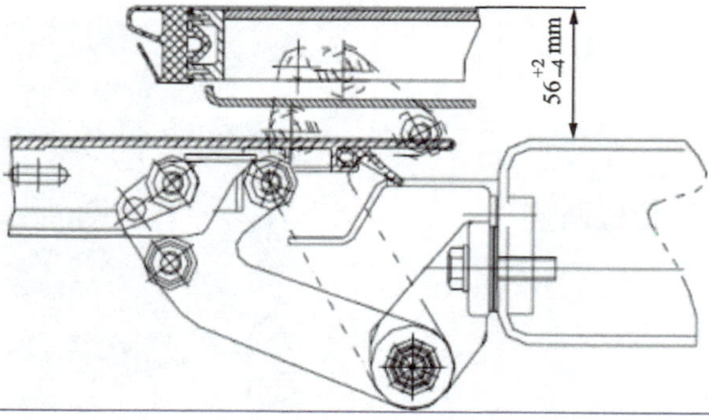
</td></tr>
<tr><td>6</td><td>一作业
一清扫</td><td>（1）将工具收集整理放入工具箱内。
（2）清扫工作区域

</td></tr>
</table>

任务评价

见表2-14。

表2-14 双扇电动电控塞拉门机械尺寸调整（密封性）任务评价表

<table>
<tr><td>课程名称</td><td colspan="4"></td></tr>
<tr><td>任务名称</td><td colspan="4"></td></tr>
<tr><td>组长</td><td></td><td>组员</td><td colspan="2"></td></tr>
<tr><td>实训地点</td><td></td><td>日期</td><td colspan="2"></td></tr>
<tr><td colspan="5">职业素养互评</td></tr>
<tr><td rowspan="2">评价内容</td><td colspan="4">评价结果</td></tr>
<tr><td>A（优）</td><td>B（良）</td><td>C（中）</td><td>D（差）</td></tr>
<tr><td>（1）操作过程中问题记录及纠错情况</td><td></td><td></td><td></td><td></td></tr>
<tr><td>（2）小组成员合作互助情况</td><td></td><td></td><td></td><td></td></tr>
<tr><td>（3）个人防护用品穿戴情况</td><td></td><td></td><td></td><td></td></tr>
<tr><td>（4）操作完毕后工位整理情况</td><td></td><td></td><td></td><td></td></tr>
<tr><td>（5）有无改进、创新的动作</td><td></td><td></td><td></td><td></td></tr>
<tr><td colspan="5">专业技能评价</td></tr>
<tr><td rowspan="2">评价内容</td><td colspan="4">评价结果</td></tr>
<tr><td>A（优）</td><td>B（良）</td><td>C（中）</td><td>D（差）</td></tr>
<tr><td>（1）前摆、后摆、下摆尺寸调整工具使用熟练度</td><td></td><td></td><td></td><td></td></tr>
<tr><td>（2）前摆、后摆、下摆调整结果正确度</td><td></td><td></td><td></td><td></td></tr>
<tr><td>（3）前摆、后摆、下摆调整步骤完整度</td><td></td><td></td><td></td><td></td></tr>
<tr><td>综合评价</td><td colspan="4"></td></tr>
</table>

任务2.5 双扇电动电控塞拉门机械尺寸调整（门附件）

教学目标

1. 知识目标

(1) 平衡压轮和下挡销的调整标准

① 掌握平衡压轮的安装位置、预紧力和间隙要求，确保门体运行时平稳无异响。

② 理解下挡销的安装位置及调整限值，保证门体关闭时与滑轨之间的配合度。

(2) 调整工具和测量仪表的使用方法

① 熟悉用于调整的工具，如内六角扳手、塞尺等。

② 掌握如何使用测量工具对平衡压轮的预紧力和下挡销的安装间隙进行精确测量。

(3) 门附件调整与门体性能的关系

① 理解平衡压轮和下挡销的调整对门体开关稳定性、耐久性和密封性的影响。

② 了解不当调整可能导致的运行故障，如卡滞、晃动、密封不良等问题。

2. 能力目标

(1) 平衡压轮的调试与安装能力

① 能够根据设计要求完成平衡压轮的安装与预紧力的调整，保证门体在开合时的平稳性。

② 具备对压轮的松紧程度进行精细调整的能力，避免因摩擦力过大而影响运行。

(2) 下挡销的安装与位置调整能力

① 掌握下挡销的安装方法和调整技巧，确保其与门体下部之间的合理配合。

② 能根据测量数据完成下挡销的精准调试，避免门体下沉或失衡。

(3) 测量与数据分析能力

熟练使用测量工具，能准确测量平衡压轮与滑轨、下挡销与门体之间的间隙，并记录数据。

(4) 分析测量数据，并根据偏差提出优化方案的能力。

① 故障排查与解决能力。

② 能在调试过程中发现并解决因附件调整不当导致的故障，如门体卡滞、异响等问题。

③ 掌握根据故障现象判断如何调整平衡压轮和挡销的技术。

3. 素质目标

(1) 责任心与安全意识

① 具备对设备性能负责的职业素养，确保每次调整都按规范完成，减少运行隐患。

② 强化安全操作意识，在调整过程中严格遵守安全规程，防止门体或附件的意外损坏。

(2) 细致与耐心的工作态度

① 门附件调整需要多次测量和微调，在操作中培养学生耐心细致的工作习惯，保证调整的精度。

② 面对反复测量和调试的过程，需要学生保持冷静，不急于求成。

(3) 团队协作与沟通能力

① 在调整任务中与团队成员配合，共同完成调整任务，提升团队协作能力。

② 学会在遇到难题时主动沟通，听取建议，共同分析并解决问题。

(4) 自主学习与持续改进精神

① 在实践中不断总结经验，提高门体附件调整的效率和精度。

② 积极探索更高效的调整方法，并结合实际情况进行创新。

学习难点与重点

1. 学习难点

(1) 平衡压轮的摩擦力控制

① 平衡压轮的调整需在摩擦力与稳定性之间找到平衡，过紧或过松都可能导致问题。

② 学生需掌握如何在调整过程中不断优化平衡压轮的紧度，以确保最佳运行效果。

(2) 下挡销的高度与位置调节

① 下挡销的调整非常敏感，微小的高度偏差可能导致门体不稳或运行异常。

② 学生需在反复测量与调试中找到最优位置，确保下挡销对门体的支撑作用。

(3) 附件之间的协调调整

① 平衡压轮和下挡销的调整相互影响，要求学生具备较强的协调能力。

② 学生需学会根据不同情况灵活调整，确保两个附件在运行中保持协调。

2. 学习重点

(1) 平衡压轮的精确调整

① 掌握平衡压轮的预紧力调节，确保门体在运行过程中不晃动且运行顺畅。

② 保证平衡压轮与滑轨之间的摩擦力适中，因为过松会导致门体晃动，过紧会增加运行阻力。

(2) 下挡销位置的精准调试

① 调整下挡销时，需确保其能有效防止门体下滑，同时不影响门体的平稳运动。

② 下挡销的间隙需要严格控制，以避免门体在关合时出现上下晃动。

(3) 附件调整后的整体协调性

① 调整平衡压轮和下挡销后，需保证门体与滑轨的整体协调，确保开关顺畅。

② 在调整后对门体进行多次测试，检查是否存在卡滞、异响或运行不稳的情况。

任务说明

<table>
<tr><td>作业任务</td><td>双扇电动电控塞拉门机械尺寸调整（门附件）</td><td>供电条件</td><td>断电</td><td rowspan="2">二维码</td><td rowspan="2"></td></tr>
<tr><td>作业人数</td><td>2</td><td>作业时间</td><td>15 min</td></tr>
<tr><td>人员分工</td><td colspan="5">1. 一人负责尺寸测量，一人负责尺寸记录。
2. 两人各自调整一边门扇</td></tr>
<tr><td>安全注意事项</td><td colspan="5">1. 操作前正确佩戴安全帽、劳保手套。
2. 操作过程中不允许追逐打闹，严格按照实训室教师安排进行操作。
3. 如需开关门，则提前口呼开关门操作，待他人完全知晓后再操作。
4. 整个操作过程断电完成，严禁通电</td></tr>
<tr><td>备注</td><td colspan="5">1. 任务完成后正确填写实训报告。
2. 如遇问题，小组内部先互相讨论，并记录问题，然后问教师</td></tr>
</table>

任务准备

1. 知识准备

学生在操作前，需要扫描二维码，观看操作视频。

2. 操作准备

（1）学生在操作前，需要阅读实训室使用注意事项和工作任务安全注意事项。

（2）学生在操作前，需要熟悉钳工工具使用规范。

3. 用品准备（见表2-15）

表2-15　任务2.5 用品清单

类别	序号	名称	规格型号	数量	单位	备注
工量具	1	开口扳手	30#、16#	2	把	
	2	塞尺	通用	2	把	
	3	套筒扳手	16#	2	把	
	4	内六角扳手	6 mm	2	把	
	5	塞尺	通用	2	把	
个人防护用品	1	安全帽	通用	2	个	
	2	劳保鞋	通用	2	双	
	3	劳保手套	通用	2	双	

任务实施

1. 双扇电动电控塞拉门平衡压轮调整

见表2-16。

表2-16　双扇电动电控塞拉门平衡压轮调整操作指导

序号	作业项目	作业内容及图示
1	操作前准备	准备工具量具，包括：塞尺、30#开口扳手、16#套筒扳手、6 mm 内六角扳手 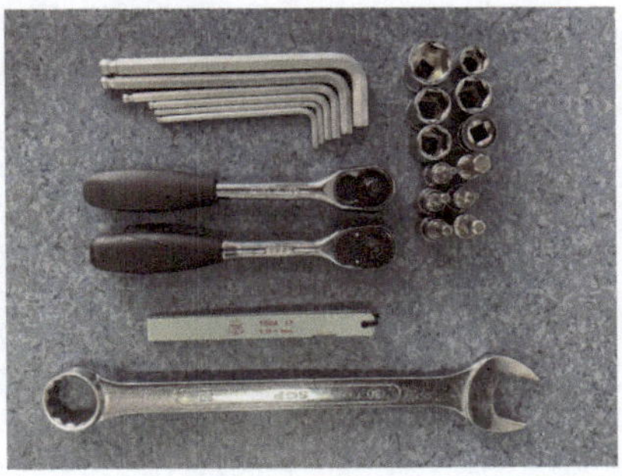
2	位置调整	将车门完全关闭 
3	调整前尺寸测量	（1）使用塞尺测量滚轮内侧与门板加强点之间的距离。 （2）用手旋转平衡压轮，判断压轮与台阶之间的压紧力 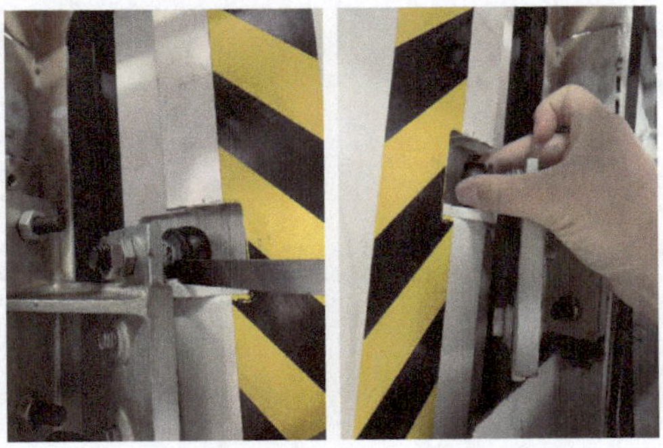

续表

序号	作业项目	作业内容及图示
4	尺寸调整	（1）使用16#套筒扳手拧松平衡压轮紧固螺栓。 （2）用30#开口扳手旋转偏心轮，使平衡压轮上下移动。 （3）使用16#套筒扳手拧松平衡压轮安装螺母，加减前后垫片 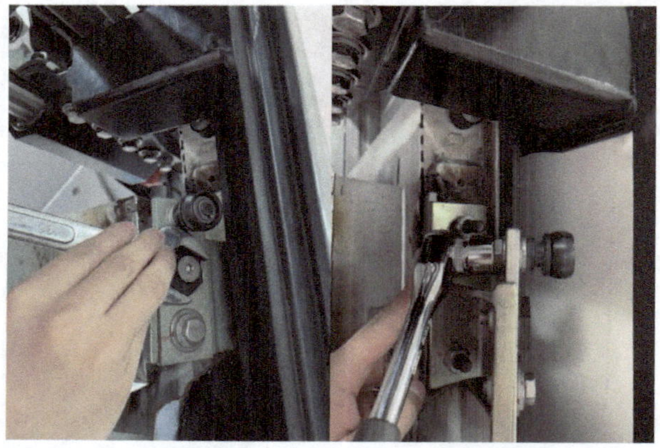
5	平衡压轮尺寸调整要求	（1）平衡压轮与滚轮内侧与门板加强点之间的距离应为1～2 mm。 （2）滚轮在关门位置将很难转动 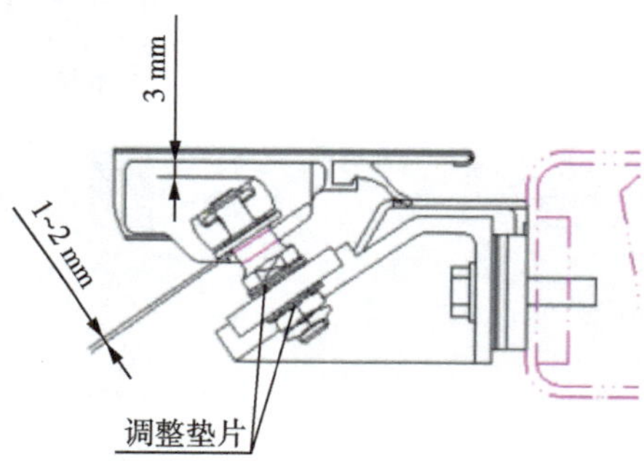
6	一作业一清扫	（1）将工具收集整理放入工具箱内。 （2）清扫工作区域 

2. 双扇电动电控塞拉门下挡销调整

见表2-17。

表2-17 双扇电动电控塞拉门下挡销调整操作指导

序号	作业项目	作业内容及图示
1	操作前准备	准备工具量具，包括：塞尺、16#开口扳手、6 mm 内六角扳手 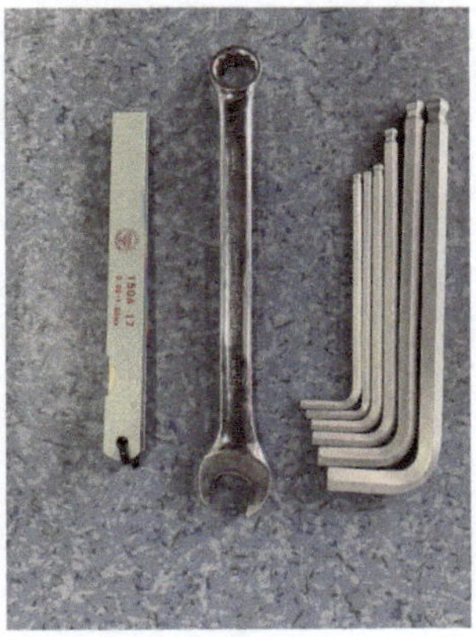
2	位置调整	将车门完全关闭 
3	调整前尺寸测量	（1）使用塞尺测量下挡销与嵌块内侧的距离。 （2）使用塞尺测量下挡销底部与嵌块的距离 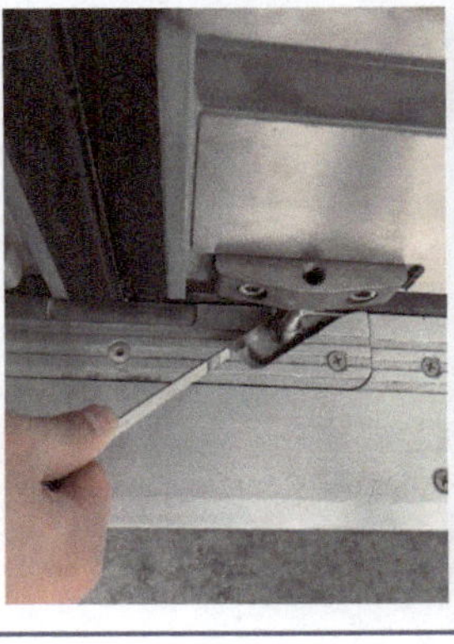 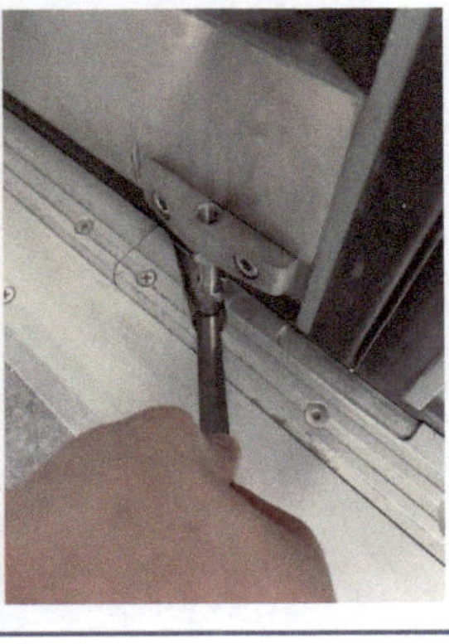

续表

序号	作业项目	作业内容及图示
4	尺寸调整	（1）使用内六角扳手拧松下挡销紧固螺栓，左右移动下挡销至合适位置。 （2）用开口扳手拧松下挡销锁紧螺母，用手旋转螺柱至合适位置 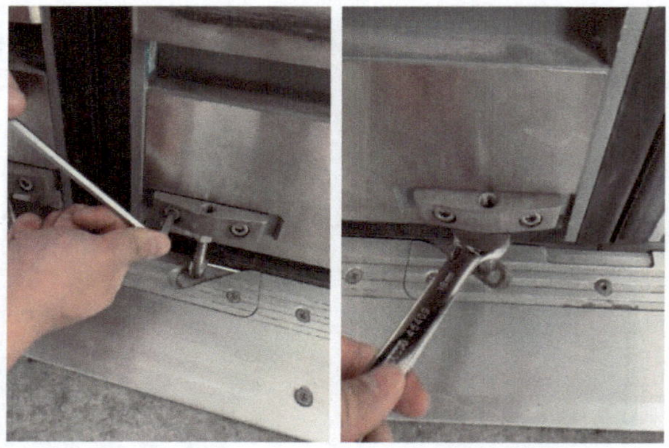
5	下挡销尺寸调整要求	（1）挡销末端和挡块底部之间的距离应为 2 ~ 3 mm。 （2）挡销内侧距嵌块内侧 1 ~ 2 mm 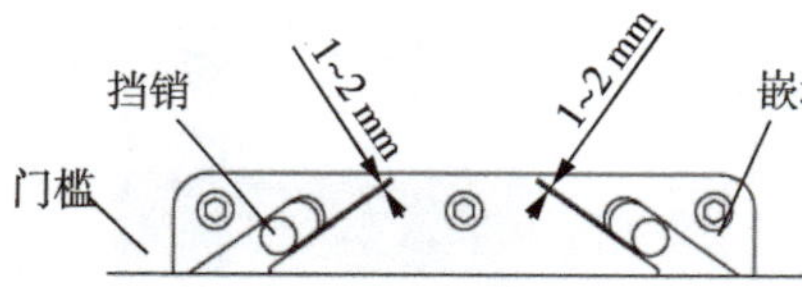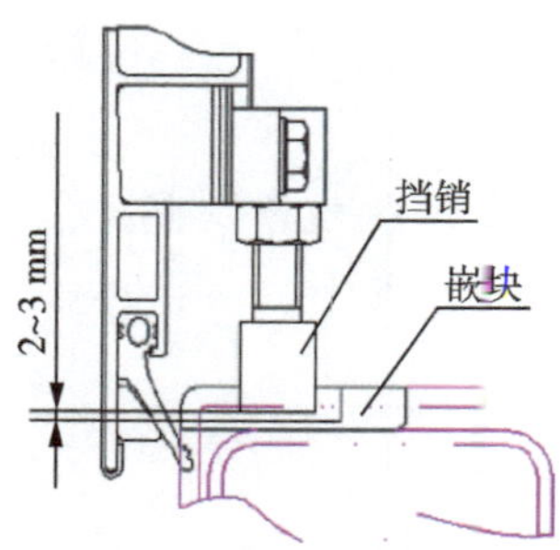
6	一作业一清扫	（1）将工具收集整理放入工具箱内。 （2）清扫工作区域 

任务评价

见表2-18。

表2-18 双扇电动电控塞拉门机械尺寸调整（门附件）任务评价表

课程名称				
任务名称				
组长		组员		
实训地点		日期		
职业素养互评				
评价内容	评价结果			
	A（优）	B（良）	C（中）	D（差）
（1）操作过程中问题记录及纠错情况				
（2）小组成员合作互助情况				
（3）个人防护用品穿戴情况				
（4）操作完毕后工位整理情况				
（5）有无改进、创新的动作				
专业技能评价				
评价内容	评价结果			
	A（优）	B（良）	C（中）	D（差）
（1）平衡压轮尺寸、下挡销尺寸调整工具使用熟练度				
（2）平衡压轮、下挡销尺寸调整结果正确度				
（3）平衡压纶、下挡销尺寸调整步骤完整度				
综合评价				

任务2.6 双扇电动电控塞拉门零件安装

教学目标

1. 知识目标

(1) 门扇的结构与安装方法

① 理解门扇的安装标准，掌握门扇与导轨、滑轮之间的配合关系。

② 了解门扇在开关过程中对密封性和稳定性的要求。

(2) 附件的分类与功能

① 掌握各类附件的功能和安装标准。

② 理解附件如何提高门体的平稳性、密封性和运行可靠性。

(3) 安装工具和测量仪表的使用

① 熟悉用于零部件安装的工具，如扳手、塞尺、钢卷尺等的使用方法。

② 掌握安装过程中的安全规范和操作流程。

2. 能力目标

(1) 门机构零件的安装能力

① 能正确安装驱动电机、导轨、滑轮、连杆等关键零件，并保证其运行稳定。

② 掌握零件的紧固和位置调整方法，确保整个门机构高效工作。

(2) 门扇的安装与调试能力

① 能够根据技术要求独立完成门扇的安装，确保门扇与轨道、滑轮配合紧密。

② 在安装后进行调试，确保门扇开关顺畅，无卡滞现象。

(3) 附件的安装与调整能力

① 能准确安装平衡压轮、密封条和下挡销，并根据运行情况进行微调。

② 掌握附件与门体的配合关系，保证门体运行时的稳定性和密封性。

(4) 测量与问题解决能力

① 能熟练使用测量工具，精确测量各零部件的安装尺寸。

② 在安装过程中能发现并解决出现的常见问题，如零件松动或安装误差。

3. 素质目标

(1) 责任心与安全意识

① 在安装过程中，严格按照技术要求操作，确保零部件安装牢固，杜绝因安装失误导致的故障。

② 强化安全意识，熟练掌握个人防护用品的使用方法，避免发生意外伤害。

(2) 耐心和细致的工作态度

① 零部件安装要求高度精确，在安装中培养学生耐心细致的操作习惯，确保每个步骤都按标准完成。

② 面对复杂的安装任务，要求学生保持冷静，并有条不紊地进行操作。

(3) 团队协作与沟通能力

① 在安装任务中与团队成员配合协作，共同完成复杂安装任务。

② 学会有效沟通和协调，及时解决安装过程中出现的问题。

(4) 自主学习与持续改进的精神

① 在实践中不断总结经验，提高安装效率和质量。

② 积极探索新的安装技巧和方法，提升自身专业水平。

学习难点与重点

1. 学习难点

(1) 平衡压轮的摩擦力控制

① 平衡压轮的调整需在摩擦力与稳定性之间找到平衡，过紧或过松都可能导致问题。

② 学生需掌握如何在调整过程中不断优化平衡压轮的紧度，以确保最佳运行效果。

(2) 下挡销的高度与位置调节

① 下挡销的调整非常敏感，微小的高度偏差可能导致门体不稳或运行异常。

② 学生需在反复测量与调试中找到最优位置，确保下挡销对门体的支撑作用。

(3) 附件之间的协调调整

① 平衡压轮和下挡销的调整相互影响，要求学生具备较强的协调能力。

② 学生需学会根据不同情况灵活调整，确保两个附件在运行中保持协调。

2. 学习重点

(1) 平衡压轮的精确调整

① 掌握平衡压轮的预紧力调节，确保门体在运行过程中不晃动且运行顺畅。

② 保证平衡压轮与滑轨之间的摩擦力适中，因为过松会导致门体晃动，过紧会增加运行阻力。

(2) 下挡销位置的精准调试

① 调整下挡销时，需确保其能有效防止门体下滑，同时不影响门体的平稳运动。

② 下挡销的间隙需要严格控制，以避免门体在关合时出现上下晃动。

(3) 附件调整后的整体协调性

① 调整平衡压轮和下挡销后，需保证门体与滑轨的整体协调，确保开关顺畅。

② 在调整后对门体进行多次测试，检查是否存在卡滞、异响或运行不稳的情况。

任务说明

<table>
<tr><td>作业任务</td><td>双扇电动电控塞拉门零件安装</td><td>供电条件</td><td>断电</td><td rowspan="2">二维码</td><td rowspan="2"></td></tr>
<tr><td>作业人数</td><td>4</td><td>作业时间</td><td>15 min</td></tr>
<tr><td>人员分工</td><td colspan="5">两两配合，分别组装不同零部件，一人负责紧固，一人负责尺寸定位</td></tr>
<tr><td>安全注意事项</td><td colspan="5">1. 操作前正确佩戴安全帽、劳保手套。
2. 操作过程中不允许追逐打闹，严格按照实训室教师安排进行操作。
3. 如需开关门，则提前口呼开关门操作，待他人完全知晓后再操作。
4. 整个操作过程断电完成，严禁通电</td></tr>
<tr><td>备注</td><td colspan="5">1. 任务完成后，正确填写实训报告。
2. 如遇问题，小组内部先互相讨论，并记录问题，然后问教师</td></tr>
</table>

任务准备

1. 知识准备

学生在操作前，需要扫描二维码，观看操作视频。

2. 操作准备

（1）学生在操作前，需要阅读实训室使用注意事项和工作任务安全注意事项。

（2）学生在操作前，需要熟悉钳工工具使用规范。

3. 用品准备（见表 2-19）

表 2-19　任务 2.6 用品清单

类别	序号	名称	规格型号	数量	单位	备注
工量具	1	开口扳手	30#、27#、16#	2	套	各 2 把
	2	塞尺	通用	2	把	
	3	内六角扳手	6 mm、8 mm	2	把	
	4	钢卷尺	通用	2	把	
	5	套筒扳手	16#	2	把	
	6	钩头扳手	通用	1	把	
个人防护用品	1	安全帽	通用	4	个	
	2	劳保鞋	通用	4	双	
	3	劳保手套	通用	4	双	

任务实施

见表 2-20。

表 2-20 双扇电动电控塞拉门零件安装操作指导

<table>
<tr><th>序号</th><th>作业项目</th><th>作业内容及图示</th></tr>
<tr><td>1</td><td>操作前准备</td><td>准备工具量具，包括：塞尺，30#开口扳手、27#开口扳手、16#开口扳手，6 mm 内六角扳手、8 mm 内六角扳手，16#套筒扳手，钢卷尺，钩头扳手
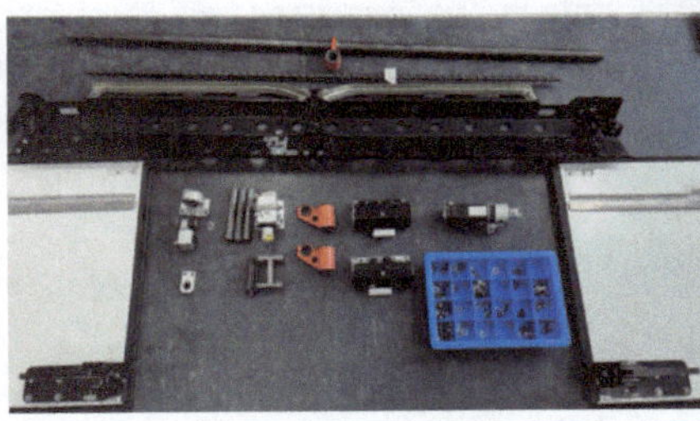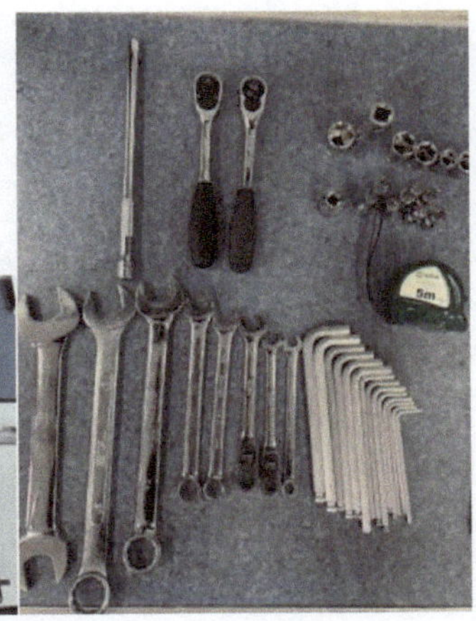</td></tr>
<tr><td>2</td><td>门框测量</td><td>门框尺寸要求：
（1）高度：台架入口处上门框表面到门槛上表面的距离为 854^{+3}_{-2} mm；
（2）宽度：左右斜竖梁内表面距离尺寸为（1 697±4）mm；
（3）对角线：对角线尺寸误差≤4 mm；
两人配合完成测量，测量后与标准值对比，判断是否符合标准，并将实际测量值写入下表：
<table><tr><th>名称</th><th>尺寸/mm</th></tr><tr><td>入口宽度</td><td></td></tr><tr><td>入口高度</td><td></td></tr><tr><td>对角线尺寸误差</td><td></td></tr></table></td></tr>
<tr><td>3</td><td>压条安装</td><td>以图示方式安装上压条和左右压条：
（1）上压条安装使用 6 个内六角圆柱头螺钉 M5×10、6 个弹垫 5、6 个平垫 5、6 个 T 型螺母 M5。
（2）左右侧压条安装使用 8 个内六角圆柱头螺钉 M5×12、8 个弹垫 5、8 个平垫 5、8 个 T 型螺母 M5、8 个内六角圆柱头螺钉 M5×8、8 个弹垫 5、8 个平垫 5。</td></tr>
</table>

续表

<table>
<tr><th>序号</th><th>作业项目</th><th>作业内容及图示</th></tr>
<tr><td>3</td><td>压条安装</td><td>提示：
工具、量具：内六角扳手、直尺。
压条前，表面距台架外表面距离为（17±1）mm
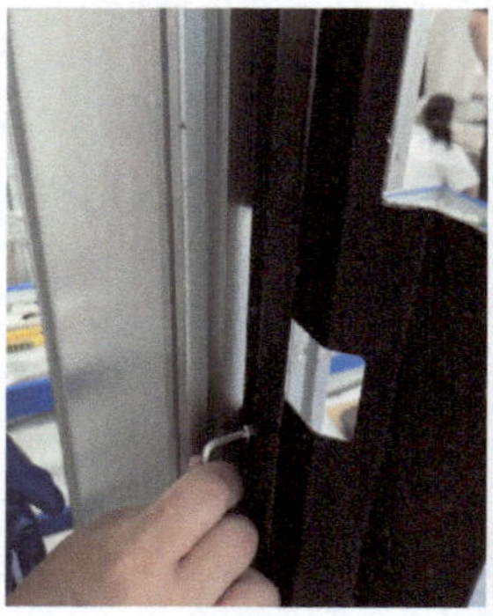 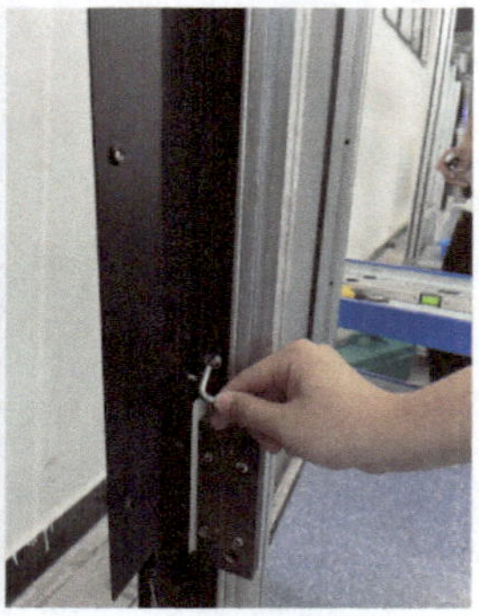</td></tr>
<tr><td>4</td><td>安装门关到位开关</td><td>（1）一人将门到位开关预先装在机架上并手扶开关。
（2）一人使用 6 mm 内六角扳手进行组装。
提示：
标准件：2 个内六角圆柱头螺钉 M6×20+大垫片 6+碟形垫片 6。
工具：内六角扳手</td></tr>
<tr><td>5</td><td>定位机架安装</td><td>（1）两人抬机架至门框顶部，一人将提前准备好的螺栓预紧在机架孔内，安装孔如下图所示，上下方向和前后方向均有安装孔，中间 4 个，左右各 2 个，安装时先装两侧，后装中间。
（2）机架上顶面距门槛表面高度尺寸为（933±2）mm，机架后表面距上压条尺寸为（166±2）mm，零部件表面无损伤。
提示：
标准件：4 个内六角圆柱头螺钉 M10×30、4 个内六角圆柱头螺钉 M10×40、8 个弹垫 10、8 个平垫 10。
工具：内六角扳手、卷尺、水平尺
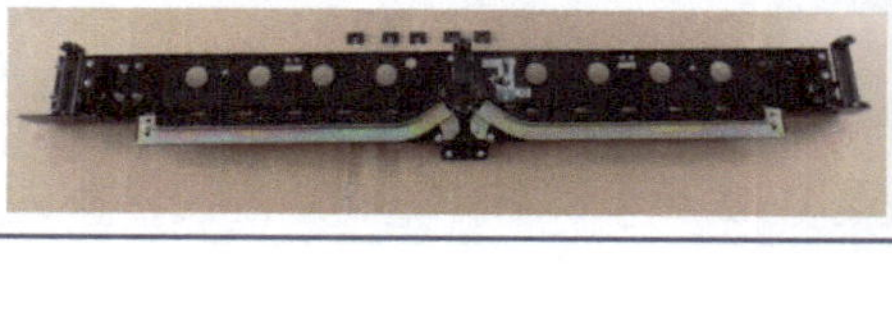 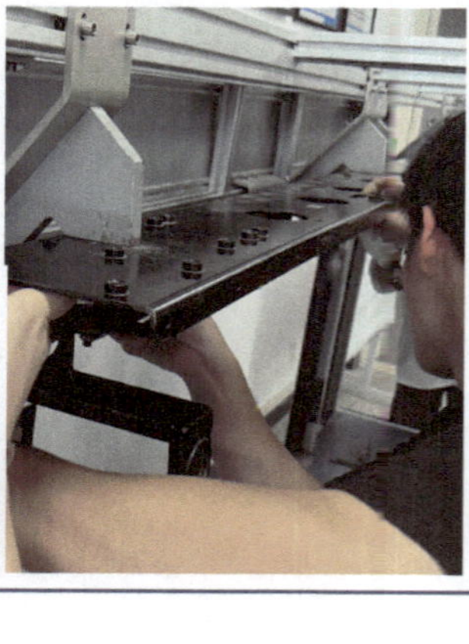</td></tr>
</table>

续表

序号	作业项目	作业内容及图示
6	组装传动部件	丝杆螺母副组件由左侧螺母组件、丝杆（带平键）、中间支撑（带轴承）、右侧螺母组件，应紧固件无松动 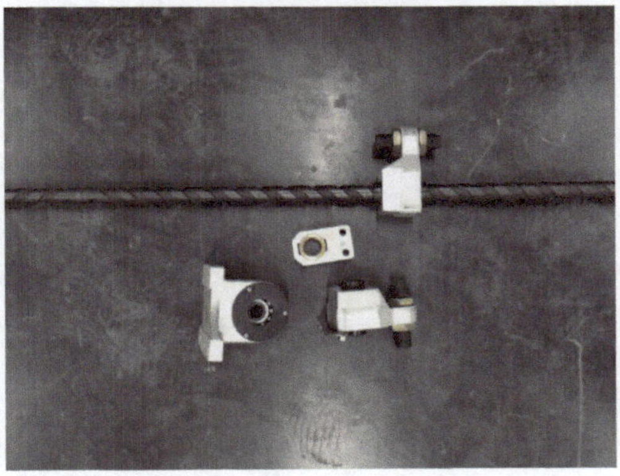
7	安装全程锁闭装置	（1）一人手扶全程锁闭装置。 （2）一人使用 8 mm 内六角扳手拧紧螺栓。 **提示：** 标准件：4 个内六角圆柱头螺钉 M8×30+4 个蝶形垫圈 8。 工具：内六角扳手 
ε	安装丝杆螺母副组件、右支撑	将挡圈、圆螺母用止动垫圈和圆螺母依次套装，旋入丝杆端，并于旋紧后固定止动垫，具体如下： （1）把中间支撑固定在中支架上。 （2）将挡圈、圆螺母用止动垫圈和圆螺母依次套装，旋入丝杆端并于旋紧后固定止动垫圈一卡。 （3）传动部件安装后，要求用手抓住左、右螺母组件，移动时丝杆转动灵活、平稳、无阻、无异响。

续表

序号	作业项目	作业内容及图示
8	安装丝杆螺母副组件、右支撑	**提示：** 标准件：3 个内六角圆柱头螺钉 M8×30+3 个蝶形垫圈 8、1 个圆螺母 M14×1.5、1 个圆螺母用止动垫圈 14。 工量具：内六角扳手、钩头扳手、橡胶榔头 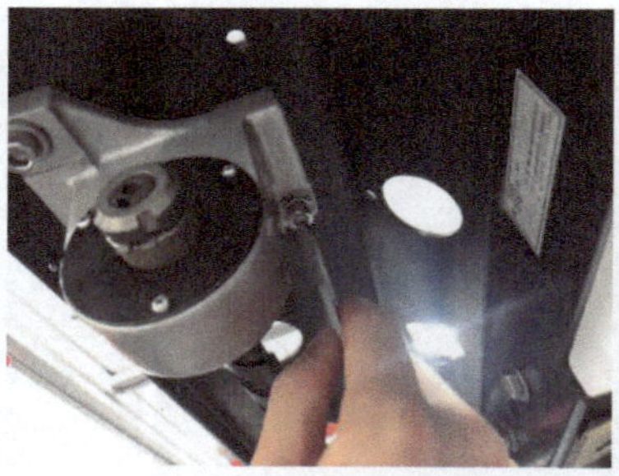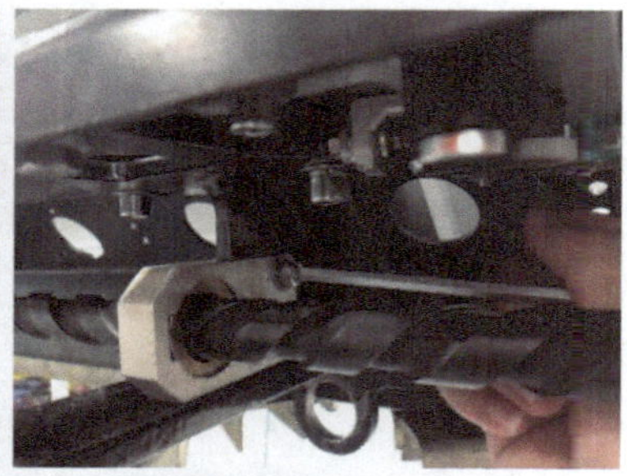 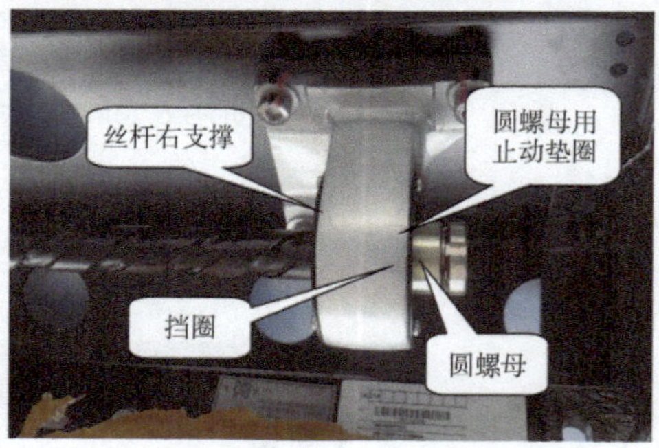
9	安装电机组件	用 2 个 M8×35 内六角头圆柱头螺钉、碟形垫片 8，把电机固定支座紧固到机架轴上，并紧固 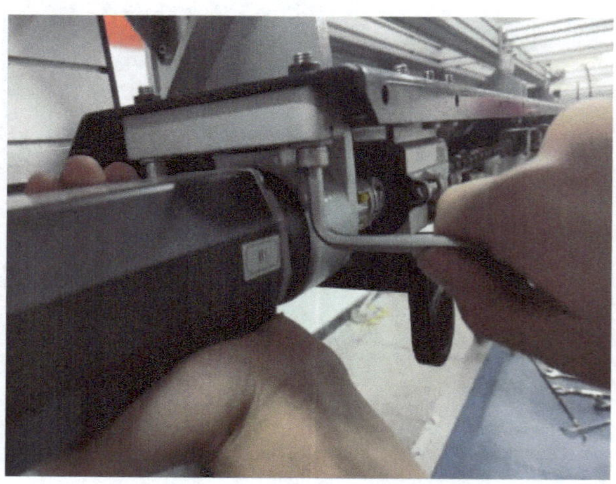

续表

序号	作业项目	作业内容及图示
10	安装中、边挂架导柱	（1）将3根短导柱套入挂架中。 （2）将中挂架装到长导柱的中间位置，分别将左、右携门架组件装入长导柱的两侧，把边挂架装到长导柱的台阶轴上。 （3）在长导柱两端装上轴用弹性挡圈并卡牢。 （4）用3个M6×30螺栓、6个碟形垫片，在长导柱的两头各装入一个端盖。在螺纹处涂乐泰243螺纹胶，锁紧后涂打防松标记。要求紧固件不松动  
11	安装左、右携门架架体	（1）一人以图示位置手扶携门架，一人使用16#套筒扳手拧紧螺栓。 （2）携门架安装次序为先左后右，需要用10个六角头螺栓M10×45（左右各5个）、10个配套蝶形垫圈、8个大垫片（左右两端不装垫片） 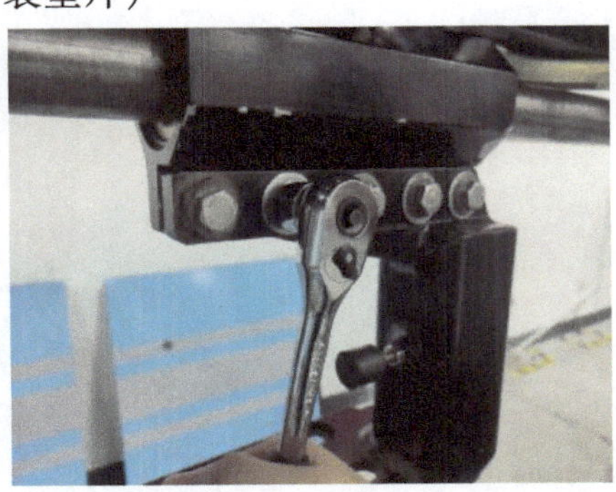

续表

序号	作业项目	作业内容及图示
12	安装左、右传动架和连接轴	安装时，携门架上滚轮置于上滑道中，携门架和底板第二个长形孔用线扎固定。要求： （1）挡卡到位不松动。 （2）携门架架体、传动架、丝杆三者连接牢固，转动灵活 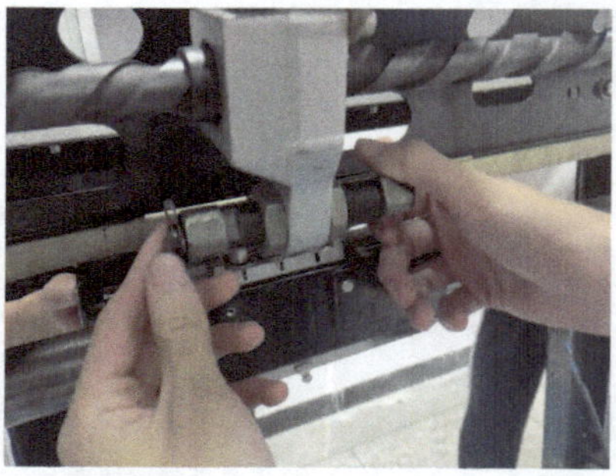
13	安装左、右平衡轮组件	一人手扶左右平衡压轮组件，一人使用16#套筒扳手进行组装 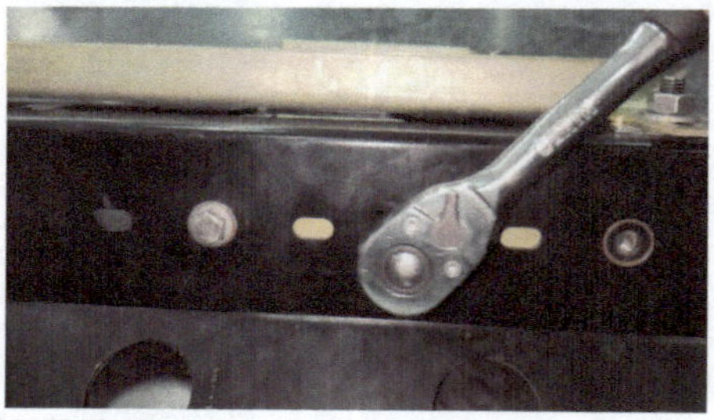
14	安装左、右下摆臂组件	一人手扶下摆臂，将长圆孔置于中间位置。另一人使用8 mm内六角扳手进行组装。 **提示：** 标准值：下摆臂的安装面的间距为（1 656±1）mm，以门框中心对中布置；下摆臂安装板底部到门槛上表面的距离为 111_{0}^{+30} mm。 标准件：4个内六角圆柱头螺钉M10×30+4个弹垫10-4个平垫圈10。 工量具：内六角扳手、卷尺 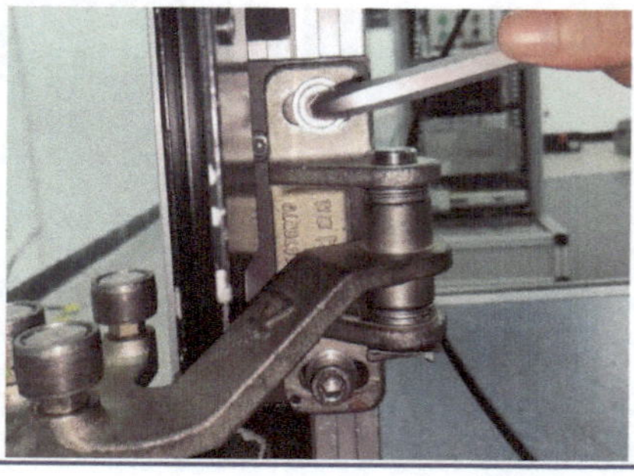

续表

<table>
<tr><th>序号</th><th>作业项目</th><th>作业内容及图示</th></tr>
<tr><td>15</td><td>安装左、右门板</td><td>（1）一人搬车门至下摆臂，卡住车门下滑道。
（2）一人抬携门架，将门扇上的圆柱销放入携门架孔中。
（3）一人在内侧预先安装 4 个紧固螺栓和一个偏心轮，然后使用 8 mm 和 6 mm 内六角螺栓分别紧固。
提示：
标准件：8 个内六角低圆柱头螺钉 M10×25、2 个内六角沉头螺钉 M10×35。
工具：内六角扳手
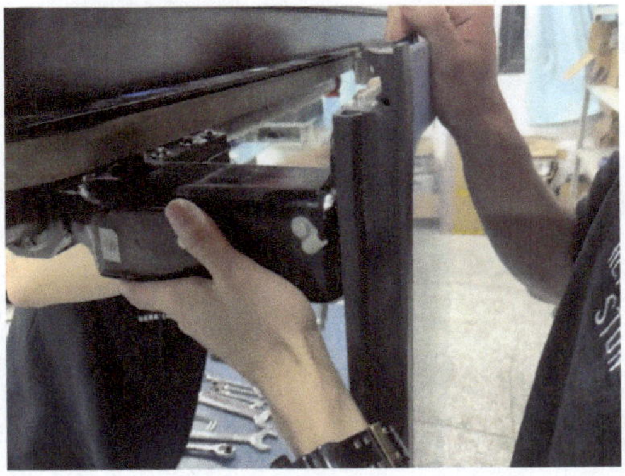</td></tr>
</table>

任务评价

见表2-21。

表2-21　双扇电动电控塞拉门零件安装任务评价表

课程名称				
任务名称				
组长		组员		
实训地点		日期		
职业素养互评				
评价内容	评价结果			
	A（优）	B（良）	C（中）	D（差）
（1）操作过程中问题记录及纠错情况				
（2）小组成员合作互助情况				
（3）个人防护用品穿戴情况				
（4）操作完毕后工位整理情况				
（5）有无改进、创新的动作				
专业技能评价				
评价内容	评价结果			
	A（优）	B（良）	C（中）	D（差）
（1）零件安装工具使用熟练度				
（2）零件安装结果正确度				
（3）零件安装步骤完整度				
综合评价				

能力拓展

请利用智慧职教城市轨道交通、智慧树在线课程等数字化资源，以及塞拉门检修相关书籍材料完成以下任务：

1. 以小组为单位，扮演塞拉门检修员，按照检修作业指导书，完成塞拉门V形调整标准化作业，并录制成视频。

2. 以小组为单位，扮演塞拉门检修员，按照检修作业指导书，完成塞拉门前摆调整标准化作业，并录制成视频。

3. 以小组为单位，扮演塞拉门检修员，按照检修作业指导书，完成塞拉门后摆调整标准化作业，并录制成视频。

4. 以小组为单位，扮演塞拉门检修员，按照检修作业指导书，完成塞拉门下摆调整标准化作业，并录制成视频。

5. 以小组为单位，扮演塞拉门检修员，按照检修作业指导书，完成塞拉门平衡压轮调整标准化作业，并录制成视频。

6. 以小组为单位，扮演塞拉门检修员，按照检修作业指导书，完成塞拉门下挡销调整标准化作业，并录制成视频。

7. 以小组为单位，扮演塞拉门检修员，按照检修作业指导书，完成塞拉门安装标准化作业，并录制成视频。

拓展阅读

“技术男”很较真，攻克多个检修难题

青岛地铁的技术明星尹星，1991 年 16 岁时考入莱钢技校机车专业。毕业后，他被分配到莱钢集团运输部机车段，负责内燃机和电传机车的检修。2015 年 7 月，尹星加入青岛地铁。彼时，青岛地铁首条线路正处于筹备开通的关键期，地铁运营所需的工程车，包含重型轨道车、钢轨打磨车、电力蓄电池工程车等，担负着转运故障地铁车辆、养护维修轨道、处置轨道突发状况等不同任务，尹星肩负着 4 种不同型号工程车辆的检修重担。

爱琢磨、勤思考、肯钻研、愿付出是尹星身上的特质。在同事们眼中，他是一名“巧”匠，虽言语不多，但专业技术水平让人钦佩：工程车检修作业涉及的 155 处作业点、全车上千处螺丝口他都熟稔于心；遇到疑难故障，他的眼睛会发亮；他喜欢较真，在技术标准面前“认死理、不变通、很固执”。

由于许多工程车来自国外，尹星是初次接触，对于车辆性能、器件不熟悉，检修之路困难重重。为了让自己尽早进入工作状态，掌握检修技能，他带领团队挑灯夜战，连续三个月反复查线核图、进行故障分析。英语零基础的他，用专业字典逐字逐句地查出每个单词，凭借多年的生产经验和不服输精神，成功攻克了检修难题。

“只要思想不滑坡，办法总比困难多”。这是尹星坚信的一条工作准则。前些年，从国外进口的车辆经常出现挂挡不畅的问题，厂家坚持车辆自身没问题，认为司机操作有误。由于问题长期存在，影响到车辆的正常使用，尹星便组建技术攻关团队。那些天，他带领团队连续奋战，从白天到黑夜“围车夜谈”，经过反复排查和测试，最终确认了导致车辆挂挡不畅的故障原因：厂家安装的一个电磁阀因接头内径太小，造成挂挡风缸进气量不足。原因找到了，故障排除了，尹星如释重负，“感觉很有成就感。”

议一议

1. 案例中哪些环节可以反映出尹星在工作中追求精益求精?
2. 思考你能从尹星身上学习到哪些可贵的品质。

项目3 空调机组检修

- 任务3.1　空调设备的结构及制冷原理认知
- 任务3.2　空调机组日常维护及检修

项目介绍

本项目包含两部分内容：空调设备的结构及制冷原理，空调机组日常维护及检修。通过本项目的学习，读者可以熟悉、认识并牢记城市轨道交通车辆空调机组的组成及布置；掌握空调机组日常维护及检修的流程，能按照工艺文件要求完成空调机组滤网更换、冷凝器清洁、蒸发器清洁、通风机检查等工作。

实训室使用注意事项

1. 劳动委员安排值日生每日在操作前进行实训室开窗通风。
2. 实训室严禁吸烟、吃零食。
3. 实训期间严禁追逐打闹、高声喊叫。
4. 实训前清点工量具，有数量和状态问题时及时上报教师。
5. 实训期间工具整齐摆放，取用后原位放回。
6. 女生长发必须扎好。
7. 实训结束后，劳动委员安排值日生打扫卫生，待教师检查合格后方可离开。
8. 实训结束后，学生检查设备状态，有问题及时上报教师。

备注

（1）每次任务完成后，按时填写实训报告。

（2）如遇问题，小组内部先互相讨论，并记录问题，然后询问教师。

任务3.1 空调设备的结构及制冷原理认知

教学目标

1. 知识目标

(1) 车顶空调的组成结构

① 理解车顶空调的主要组成部分，如压缩机、蒸发器、冷凝器、通风机等。

② 掌握各部分的功能及其在空调系统中的作用。

(2) 空调制冷原理

① 学习制冷循环的基本原理，包括制冷剂的循环过程及其物理特性。

② 理解制冷剂的相变过程及能量转移的基本概念。

(3) 空调系统的工作原理

① 理解空调系统的工作流程，包括空气的循环和温度调节过程。

② 掌握空调系统中各部件如何协同工作以实现制冷效果。

2. 能力目标

(1) 结构识别能力

① 能够独立识别车顶空调的各个组成部分，并理解其功能。

② 在实际操作中能够准确定位各部件，便于后续的检修和维护。

(2) 制冷原理应用能力

① 能够解释空调的制冷原理，描述制冷剂在空调系统中的循环过程。

② 理解并能应用制冷循环的基本原理来分析实际问题。

(3) 故障判断与排查能力

① 能够根据空调的工作状态判断是否存在故障，并进行初步的故障排查。

② 学会使用基本工具和方法进行故障检测。

(4) 实践操作能力

① 在教师指导下进行空调的拆卸与组装，熟悉基本的维护和检修流程。

② 通过实践加深对空调设备工作原理的理解。

3. 素质目标

(1) 安全意识与责任感

① 在学习和操作中保持安全意识，确保自身和他人的安全。

② 对所学知识和技能负责，积极参与空调维护和保养工作。

(2) 细致与耐心的工作态度

① 在学习和操作过程中，注重细节，确保每个步骤的准确性。

② 遇到问题时，保持耐心，认真分析并寻找解决方案。

(3) 团队合作与沟通能力

① 在小组学习和实践中，积极沟通与合作，分享经验和知识。

② 学会倾听他人的意见和建议，以提高整体学习效果。

(4) 自主学习与探索精神

① 鼓励学生在课外主动学习相关知识，了解新技术和新设备。

② 积极探索空调设备的改进与优化，培养创新思维。

学习难点与重点

1. 学习难点

(1) 复杂结构的理解

① 车顶空调的多组件结构可能对学生造成理解上的困难，需要反复学习和实践。

② 学生需要理解各部件的相互作用及其对整体性能的影响。

(2) 制冷原理的抽象性

① 制冷循环涉及热力学和物理、化学的知识，对部分学生来说可能较难掌握。

② 需要通过案例分析和实践操作加强对理论的理解和应用。

(3) 故障排查的综合能力

① 故障排查需要综合运用所学知识，难度较大。

② 学生在实际操作中可能会对故障原因的判断出现偏差，需要不断练习和积累经验。

2. 学习重点

(1) 车顶空调的结构认知

① 重点掌握各个组成部分的名称、功能及其相互关系。

② 通过实际观察或模型学习，深入理解空调设备的整体结构。

(2) 制冷原理的理解与应用

① 深入理解制冷循环过程，包括制冷剂的物态变化及能量转移。

② 将理论知识应用于实际问题的分析与解决中。

(3) 故障排查与处理能力

① 强调对常见故障的认识，培养故障排查的基本思路和方法。

② 学习在实践中快速定位问题并提出解决方案的能力。

任务说明

作业任务	空调设备的结构及制冷原理认知	供电条件	断电	二维码	
作业人数	2	作业时间	20 min		
人员分工	1. 一人提问，一人回答，待全部提问完毕，互换角色。 2. 采用从上至下、从左至右的顺序互相提问				
安全注意事项	1. 严格遵守实训室安全管理注意事项。 2. 正确佩戴安全帽、劳保手套。 3. 学习过程中不允许追逐打闹，严格按照实训室教师安排进行认知操作。 4. 整个认知过程断电完成，严禁通电				

任务准备

1. 知识准备

学生在操作前，需要扫描二维码，观看操作视频。

2. 操作准备

学生在操作前，需要阅读实训室使用注意事项和工作任务安全注意事项。

3. 用品准备（见表3-1）

表3-1　任务3.1 用品清单

类别	序号	名称	规格型号	数量	单位	备注
工量具	1	扳手	通用	6	把	
个人防护用品	1	安全帽	通用	2	个	
	2	劳保鞋	通用	2	双	
	3	劳保手套	通用	2	双	

任务实施

见表3-2。

表 3-2　空调设备的结构及制冷原理认知操作指导

序号	作业项目	作业内容及图示
1	空调机组结构认知 1	
2	空调机组结构认知 2	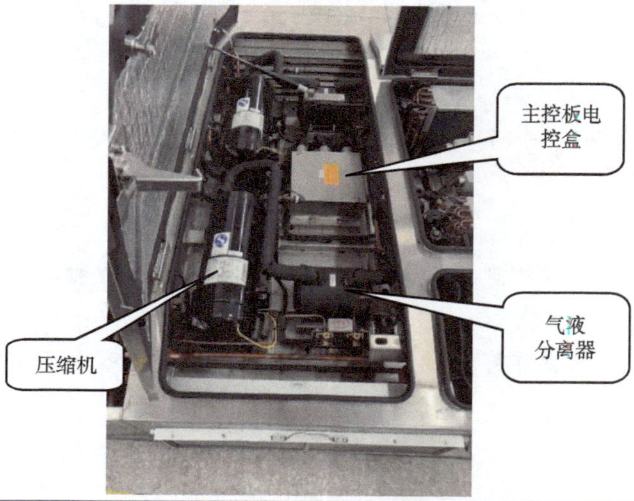
3	空调机组结构认知 3	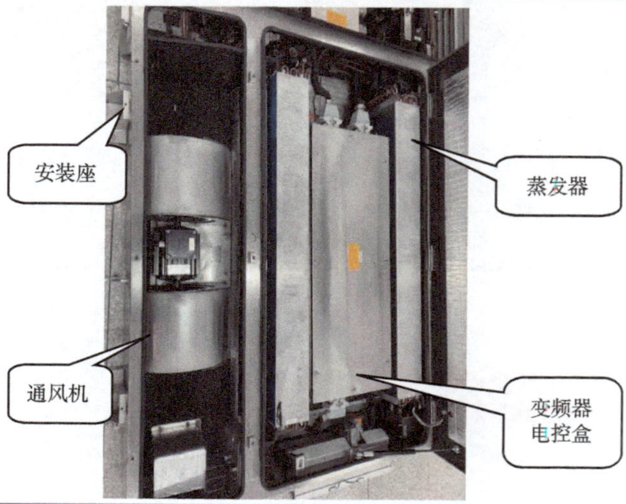

续表

序号	作业项目	作业内容及图示
4	空调机组结构认知 4	
5	空调制冷原理	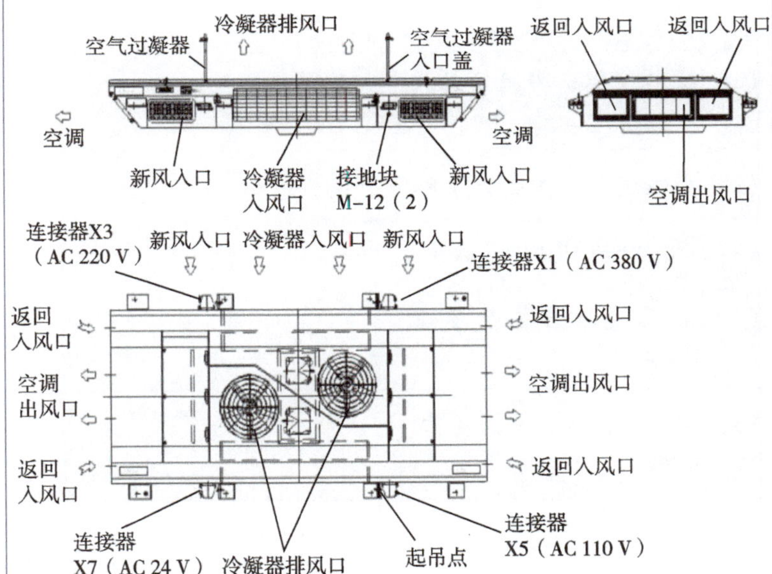 制冷时，经压缩机压缩的高温高压气态制冷剂在冷凝器内被冷凝风机吹入的空气冷却为液态制冷剂；然后，液态制冷剂经过干燥过滤器，再经过毛细管节流为低压的液态有少量气体的制冷剂进入蒸发器，与回风和新风混合空气进行热交换，从而使混合空气冷却和干燥；最后，冷却干燥的空气通过天花板风道进入客室。与此同时，在蒸发器内被蒸发的制冷剂变成低压饱和气体或少量过热气体，经过气液分离器回到压缩机

任务评价

见表3-3。

表3-3　空调设备的结构及制冷原理认知任务评价表

<table>
<tr><td>课程名称</td><td colspan="4"></td></tr>
<tr><td>任务名称</td><td colspan="4"></td></tr>
<tr><td>组长</td><td colspan="2"></td><td>组员</td><td></td></tr>
<tr><td>实训地点</td><td colspan="2"></td><td>日期</td><td></td></tr>
<tr><td colspan="5">职业素养互评</td></tr>
<tr><td rowspan="2">评价内容</td><td colspan="4">评价结果</td></tr>
<tr><td>A（优）</td><td>B（良）</td><td>C（中）</td><td>D（差）</td></tr>
<tr><td>（1）操作过程中问题记录及纠错情况</td><td></td><td></td><td></td><td></td></tr>
<tr><td>（2）小组成员合作互助情况</td><td></td><td></td><td></td><td></td></tr>
<tr><td>（3）个人防护用品穿戴情况</td><td></td><td></td><td></td><td></td></tr>
<tr><td>（4）操作完毕后工位整理情况</td><td></td><td></td><td></td><td></td></tr>
<tr><td>（5）有无改进、创新的动作</td><td></td><td></td><td></td><td></td></tr>
<tr><td colspan="5">专业技能评价</td></tr>
<tr><td rowspan="2">评价内容</td><td colspan="4">评价结果</td></tr>
<tr><td>A（优）</td><td>B（良）</td><td>C（中）</td><td>D（差）</td></tr>
<tr><td>（1）回答的空调零部件名称与实物对应的正确度</td><td></td><td></td><td></td><td></td></tr>
<tr><td>（2）回答每个零部件的位置及互相之间配合关系的正确度</td><td></td><td></td><td></td><td></td></tr>
<tr><td>综合评价</td><td colspan="4"></td></tr>
</table>

任务3.2
空调机组日常维护及检修

教学目标

1. 知识目标

(1) 日常维护的基本内容

① 理解空调机组日常维护的主要内容，包括检查、清洁、调整等。

② 学习检修过程中需要关注的关键指标，如温度、压力、流量等。

(2) 常见故障及其处理方法

① 了解空调机组在日常运行中可能出现的常见故障及其原因，如制冷不足、噪声、漏水等。

② 掌握基本的故障排查和处理方法，能够进行初步的故障分析。

(3) 安全操作规范

① 学习在进行空调机组维护和检修时的安全注意事项，包括个人防护和设备安全。

② 理解在高温和高压环境下工作的安全要求。

2. 能力目标

(1) 日常维护操作能力

① 能够独立进行车顶空调的日常维护，包括清洁、检查和调整等工作。

② 熟悉空调维护工具和材料，能够正确使用和存放。

(2) 故障判断与排查能力

① 能够根据空调机组的运行状态进行初步的故障判断。

② 学会使用基本检测工具进行故障排查，提出合理的解决方案。

(3) 维修技能

① 在指导下进行简单的维修操作，如更换新风滤网、检查通风机等。

② 能够按照标准操作程序对空调机组进行维护和检修工作。

(4) 记录与报告能力

① 学会对日常维护和故障处理进行记录，并形成维护报告。

② 能够及时向上级报告存在的问题和处理建议。

3. 素质目标

(1) 安全意识与责任感

① 在维护和检修过程中时刻保持安全意识，确保自身和他人的安全。

② 对工作负责，认真对待每一项维护和检修任务。

（2）细致与耐心的工作态度

① 在进行空调机组日常维护时注重细节，确保每个操作步骤的准确性。

② 遇到问题时，保持耐心，细致分析并寻找解决方案。

（3）团队合作与沟通能力

① 在团队工作中，能够积极沟通与合作，分享经验和知识。

② 学会倾听他人的意见和建议，以提高整体工作效率。

（4）自主学习与改进意识

① 在实践中总结经验，持续改进维护技能。

② 主动了解新技术、新材料，提升专业素养。

学习难点与重点

1. 学习难点

（1）复杂故障的判断与处理

① 学生在面对复杂故障时，可能难以判断故障原因，需要通过反复学习与实践积累经验。

② 故障排查需要综合运用所学知识，难度较大。

（2）细节维护操作的熟练度

日常维护的细节操作要求较高，学生可能在实践中出现遗漏或不当操作，需要通过多次实践和指导来提高技能水平。

（3）安全操作规范的遵循

在高温或高压环境中进行维护时，学生可能对安全操作规范理解不足，需要加强对安全知识的培训和实操演练。

2. 学习重点

（1）空调机组的组成与功能

① 掌握空调机组各组成部分的名称、功能及相互关系。

② 通过实际观察或模型学习，深入理解空调设备的整体结构。

（2）空调机组日常维护的基本操作

① 深入理解清洁、检查等日常维护操作的具体步骤和注意事项。

② 学习如何记录维护过程中的数据和观察结果。

（3）故障排查与处理能力

① 强调对常见故障的认识，培养学生故障排查的基本思路和方法。

② 培养学生在实践中快速定位问题并提出解决方案的能力。

任务说明

<table>
<tr><td>作业任务</td><td>空调机组日常维护及检修</td><td>供电条件</td><td>断电</td><td rowspan="2">二维码</td><td rowspan="2"></td></tr>
<tr><td>作业人数</td><td>2</td><td>作业时间</td><td>15 min</td></tr>
<tr><td>人员分工</td><td colspan="5">1. 两人按照腔室进行任务划分。
2. 每人独立完成腔室检修，然后互相检查</td></tr>
<tr><td>安全注意事项</td><td colspan="5">1. 严格遵守实训室安全管理注意事项。
2. 检修前，正确佩戴安全帽、劳保手套。
3. 检修过程中，不允许追逐打闹，严格按照实训室教师安排进行操作。
4. 检修过程中工具选用正确，摆放整齐</td></tr>
</table>

任务准备

1. 知识准备

学生在操作前，需要扫描二维码，观看操作视频。

2. 操作准备

学生在操作前，需要阅读实训室使用注意事项和任务安全注意事项。

3. 用品准备（见表 3-4）

表 3-4　任务 3.2 用品清单

类别	序号	名称	规格型号	数量	单位	备注
工量具	1	套筒扳手	16 mm	2	把	
个人防护用品	1	安全帽	通用	2	个	
	2	劳保鞋	通用	2	双	
	3	劳保手套	通用	2	双	

任务实施

见表 3-5。

表 3-5　空调机组日常维护及检修操作指导

序号	作业项目	作业内容及图示
1	更换新风滤网	（1）打开滤网固定卡扣，向上提出新风滤网。 （2）安装新的或已清洗晾干的新风滤网。 （3）顺着新风滤网安装槽向下安装新风滤网，扣紧卡扣。 （4）对于换下的新风滤网，用水反风向冲洗，再用肥皂水洗净，用清水漂洗、晾干，以备更换 
2	清洁冷凝器	（1）用扭力扳手打开冷凝器盖板，检查空调机组表面的洁净状况，清除大的障碍物。 （2）用软毛刷清除冷凝器表面的污垢，直至清除所有的树叶、羽毛等外来杂物。注意，这样的清理必须使用软毛刷，以免损坏冷凝器的翅片。 （3）使用高压水枪冲洗冷凝器，水流冲洗方向与翅片平行，以免造成翅片伏倒、损坏。喷水压力选择 300 ~ 500 kPa。 （4）检查翅片之间有没有残留污垢。如果有必要，重复上述清洗过程（待自然晾干）。 （5）使用翅片梳矫直所有弯曲的翅片 

续表

序号	作业项目	作业内容及图示
3	清洁蒸发器	（1）打开机组顶盖和通风机腔盖板，取下变频器电控盒，然后用工装罩住回风阀和杀菌装置，电连接器插头须注意用防水膜包住，防止进水。  （2）电控盒连接器插头和回风口做好防护处理。 （3）使用高压水枪冲洗蒸发器，喷水压力选择300～500 kPa。 （4）检查设备之间是否有残留污垢。如果有必要，重复上述清洗过程（待自然晾干） 
4	检查通风机	（1）检查通风机安装螺栓。 （2）检查电机轴承。 （3）用手转动风机扇叶，检查风机转动是否流畅。 （4）检查电机轴和叶片，如有松动则将其紧固。 （5）测试通风机线圈三相阻值是否均衡。 （6）用压缩空气清洗风机叶片，必要时用软毛刷和清洗剂清洗。

续表

序号	作业项目	作业内容及图示
4	检查通风机	（7）如果电机外观有明显损坏，则需更换电机以防后续使用过程中发生故障 
5	收尾工作	恢复电控盒、机组顶盖和通风机腔盖板，检查所有螺栓与防护锁是否处于安全紧固状态，恢复空调至最初状态，注意打防松标记

任务评价

见表3-6。

表3-6　空调机组日常维护及检修任务评价表

课程名称				
任务名称				
组长		组员		
实训地点		日期		
职业素养互评				
评价内容	评价结果			
	A（优）	B（良）	C（中）	D（差）
（1）操作过程中问题记录及纠错情况				
（2）小组成员合作互助情况				
（3）个人防护用品穿戴情况				
（4）操作完毕后工位整理情况				
（5）有无改进、创新的动作				
专业技能评价				
评价内容	评价结果			
	A（优）	B（良）	C（中）	D（差）
（1）空调检修工具使用熟练度				
（2）空调检修结果正确度				
（3）空调检修步骤完整度				
综合评价				

能力拓展

请利用智慧职教城市轨道交通、智慧树在线课程等数字化资源，以及空调机组检修相关书籍材料完成以下任务：

1. 以小组为单位，了解空调机组不同修程的检修作业内容，制定一份空调检修作业指导书。

2. 以小组为单位，扮演空调机组检修员，按照检修作业指导书，完成空调机组检修标准化作业，并录制成视频。

拓展阅读

他让青岛地铁车厢空调“冷暖自由”

三十年春华秋实，三十年兢兢业业，他从一名一线产业工人到齐鲁大工匠，从进军到领军的“地铁医师”，尹星充分证明了“择一事终一生”的执着专注，“干一行钻一行”的精益求精，“偏毫厘不敢安”的一丝不苟，“千万锤成一器”的卓越追求。

他从一名蒸汽机车检修工干起，先后经历了内燃机车检修工、电工、起重机驾驶员、工程车检修工等岗位。

2016年2月，为了充分发挥高技能人才引领示范作用，尹星牵头成立“尹星劳模创新暨党员示范工作室”，制定了“差温制冷”的空调温度控制模式。通过给空调系统设置“档位”，实现了不同车厢的强冷和弱冷，也就是“冷暖车厢”，为乘客提供了更好的乘车体验。工作室聚焦车辆检修痛点难点，研发出地铁列车电气元器件综合试验台、永磁牵引电机项目，年度平均节能效果在15%以上，CO_2 年排放量减少70 t以上，达到国内领先水平，实现了从跟跑到领跑的全方位突破。

议一议

1. 总结尹星在地铁检修方面做出了哪些创新举措。

2. 尹星的创新让地铁列车达到年度15%以上的节能减排，为我国“双碳”目标做出贡献，大家思考自己在生活中能够为“双碳”目标做出哪些贡献。

项目4 受电弓系统检修

- 任务4.1 受电弓结构及功能认知
- 任务4.2 受电弓空气管路安装
- 任务4.3 受电弓里程检作业训练
- 任务4.4 受电弓月检作业训练

项目介绍

本项目包含城轨车辆受电弓结构及功能认知、受电弓空气管路安装、受电弓里程检作业训练、受电弓月检作业训练。通过学习，读者可以熟悉、认识并牢记受电弓系统的组成及各零部件的功能；了解受电弓里程检、月检的检修内容，掌握受电弓里程检、月检的步骤、尺寸标准及注意事项，学会安装气路阀、安装阀体之间的导通管路，并完成辅助供气。

实训室使用注意事项

1. 劳动委员安排值日生每日在操作前进行实训室开窗通风。
2. 实训室严禁吸烟、吃零食。
3. 实训期间严禁追逐打闹、高声喊叫。
4. 实训前清点工量具，有数量和状态问题时及时上报教师。
5. 实训期间工具摆放整齐，取用后原位放回。
6. 女生长发必须扎好。
7. 实训结束后，劳动委员安排值日生打扫卫生，待教师检查合格后方可离开。
8. 实训结束后，学生检查设备状态，有问题及时上报教师。

备注

（1）每次任务完成后，按时填写实训报告。

（2）如遇问题，小组内部先互相讨论，并记录问题，然后询问教师。

任务4.1 受电弓结构及功能认知

教学目标

1. 知识目标

(1) 受电弓的基本构造

① 了解受电弓的主要组成部分，包括弓体、弓头、碳滑板、铰链系统、升弓装置、降弓装置、气阀箱等。

② 掌握各部分的名称、结构特点及其在受电弓中的位置。

(2) 受电弓的工作原理

① 理解受电弓在电力系统中的作用，尤其是与接触网之间的电流传导过程。

② 学习受电弓的升降、倾斜及其与列车运行速度的关系。

(3) 各部分的功能及相互关系

① 掌握各组成部分的具体功能，如弓头的导电作用、碳滑板的接触性能等。

② 理解各部分之间的协同作用，以及对整体性能的影响。

2. 能力目标

(1) 结构识别能力

① 能够独立识别受电弓的各个组成部分，并理解其功能。

② 在实际操作中能够准确定位各部件，为后续的检修和维护奠定基础。

(2) 工作原理的理解与应用能力

① 能够解释受电弓的工作原理，描述其在电力供应中的作用。

② 理解如何根据运行条件调整受电弓的状态，以保证电流传导的稳定性。

(3) 故障判断与排查能力

① 能够根据受电弓的运行状态进行初步的故障判断。

② 学会使用基本工具进行故障排查，并能提出合理的解决方案。

3. 素质目标

(1) 安全意识与责任感

① 在学习和操作中保持安全意识，确保自身和他人的安全。

② 对所学知识和技能负责，积极参与维护和保养工作。

(2) 细致与耐心的工作态度

① 在进行结构认知和故障排查时注重细节，应确保每个操作步骤的准确性。

② 遇到问题时，应保持耐心，细致分析并寻找解决方案。

(3) 团队合作与沟通能力

① 在小组学习和实践中，能够积极沟通与合作，分享经验和知识。

② 学会倾听他人的意见和建议，以提高整体学习效果。

(4) 自主学习与探索精神

① 鼓励学生在课外主动学习相关知识，了解新技术和新设备。

② 鼓励学生积极探索受电弓的改进与优化，培养创新思维。

学习难点与重点

1. 学习难点

(1) 复杂结构的理解

① 学生在理解受电弓的多组件结构时可能遇到困难，需要反复学习和实践。

② 理解各部件的相互作用及其对整体性能的影响。

(2) 工作原理的抽象性

理解受电弓的工作原理时，部分学生可能较难掌握其中的电气原理部分，需要通过案例分析和实践操作加强对理论的理解。

(3) 故障排查的综合能力

故障排查需要综合运用所学知识，难度较大，尤其是在面对复杂问题时；学生在实际操作中可能会对故障原因的判断出现偏差，需要不断练习和积累经验。

2. 学习重点

(1) 受电弓的组成与功能

① 重点掌握各个组成部分的名称、功能及相互关系。

② 通过实际观察或模型学习，深入理解受电弓设备的整体结构。

(2) 工作原理的理解

① 深入理解受电弓的工作原理及其在电力系统中的重要性。

② 学习如何根据不同的运行条件对受电弓进行调节与维护。

(3) 故障排查与处理

① 强调对常见故障的认识，培养故障排查的基本思路和方法。

② 学习在实践中快速定位问题并提出解决方案的能力。

任务说明

<table>
<tr><td>作业任务</td><td>受电弓结构及功能认知</td><td>供电条件</td><td>断电</td><td rowspan="2">二维码</td><td rowspan="2"></td></tr>
<tr><td>作业人数</td><td>2</td><td>作业时间</td><td>15 min</td></tr>
<tr><td>人员分工</td><td colspan="5">1. 一人提问，一人回答，待全部提问完毕，互换角色。
2. 采用从下至上的顺序互相提问</td></tr>
<tr><td>安全注意事项</td><td colspan="5">1. 正确佩戴安全帽、劳保手套。
2. 学习过程中，不允许追逐打闹，严格按照实训室教师安排进行认知操作。
3. 如需升降弓，则提前口呼升降弓，待他人完全知晓后再操作。
4. 整个认知过程断电完成，并确认受电弓完全降下，严禁通电</td></tr>
<tr><td>备注</td><td colspan="5">1. 认知完成后，正确填写实训报告。
2. 如遇问题，小组内部先互相讨论，并记录问题，然后问教师</td></tr>
</table>

任务准备

1. 知识准备

学生在操作前，需要扫描二维码，观看操作视频。

2. 操作准备

(1) 学生在操作前，需要阅读实训室使用注意事项和工作任务安全注意事项。

(2) 学生在操作前，需要提前复习受电弓结构及工作原理的相关知识。

3. 用品准备（见表4-1）

表4-1　任务4.1 用品清单

类别	序号	名称	规格型号	数量	单位	备注
工量具	1	手套	通用	2	双	
个人防护用品	1	安全帽	通用	2	个	
	2	劳保鞋	通用	2	双	
	3	劳保手套	通用	2	双	

任务实施

见表 4-2。

表 4-2　受电弓结构及功能认知操作指导

序号	作业项目	作业内容及图示
1	受电弓结构认知	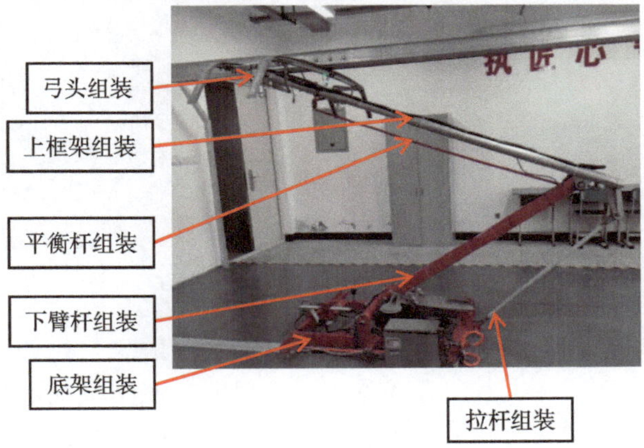
2	弓头组装结构认知	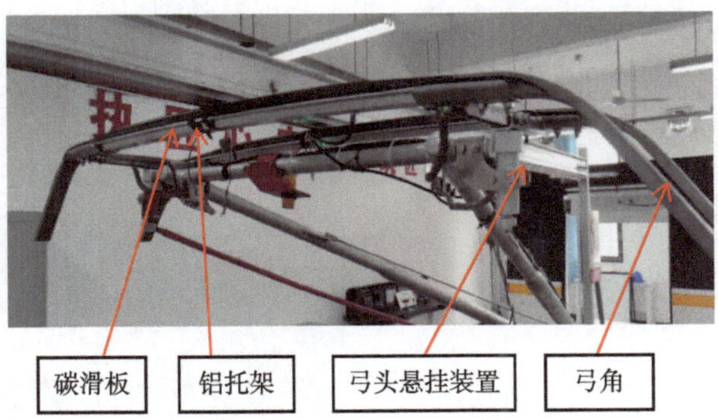
3	受电弓附属部件认知 1	铰链系统：由下臂杆组装、上框架组装和拉杆组装组成。铰链系统与底架一起构成了受电弓的四杆机构，四杆机构保证了上框架中顶管的运动轨迹呈一条近似铅垂的直线 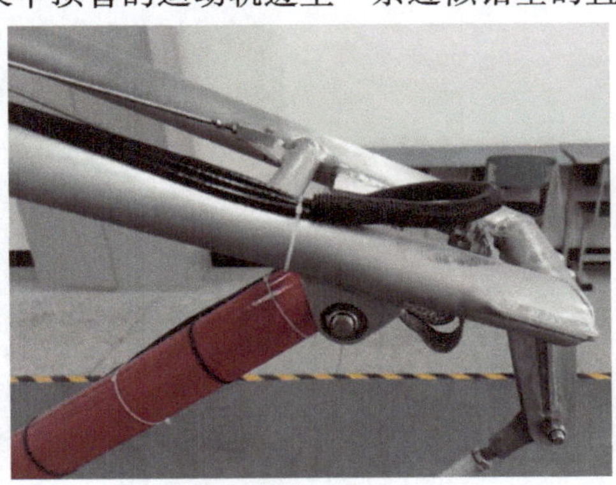

续表

序号	作业项目	作业内容及图示
4	受电弓附属部件认知 2	升弓装置组装：由两个充满压缩空气的升弓气囊、与升弓气囊连接并被拉伸的钢丝绳和焊接在下臂杆上的扇形板组成 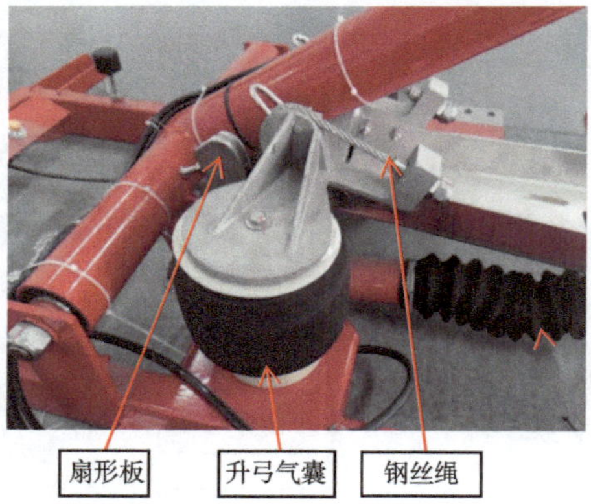
5	受电弓附属部件认知 3	阻尼器组装：为缓解来自相邻车辆上受电弓的干扰，以及避免受电弓降弓时对底架上的部件造成损坏，在受电弓底架和下臂杆之间安装有阻尼器。 升弓电磁阀：电磁阀得电，连通气路，升弓气囊充气 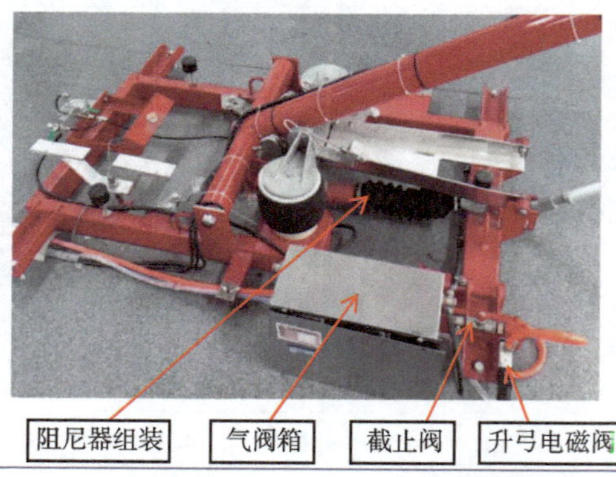
6	气阀箱认知	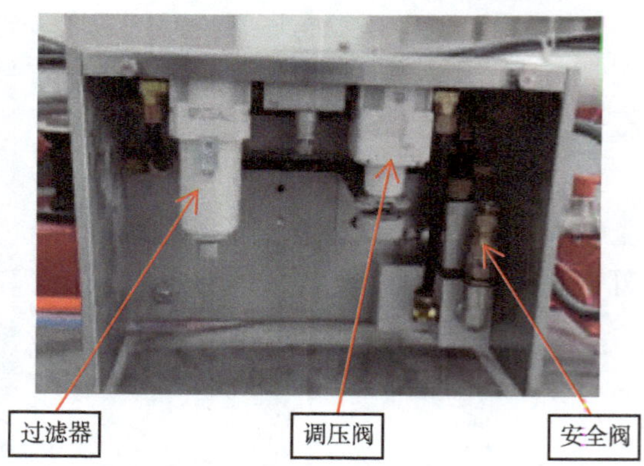 压缩空气经气阀箱、升弓电磁阀进入升弓气囊，可通过调压阀调节升降弓速度。

续表

<table>
<tr><th>序号</th><th>作业项目</th><th>作业内容及图示</th></tr>
<tr><td>6</td><td>气阀箱认知</td><td>过滤器：受电弓气阀箱内的过滤器是一种关键组件，用于确保进入受电弓系统的气体清洁、无杂质。由于受电弓的升降操作依赖压缩空气驱动，而气体中可能含有灰尘、水分或其他微小颗粒物，过滤器的作用就是有效过滤这些杂质，防止它们进入气阀箱或其他关键部件，避免系统故障或损坏。
调压阀：调压阀的作用是在提供稳定气压的同时，确保受电弓能够顺畅地上下运动，从而保证列车持续获得足够的电力供应。可通过顺时针、逆时针旋转调压阀手轮，调整受电弓与接触网之间的相对压力。
安全阀：安全阀是一种重要的保护装置，其主要作用是当气压超出设定范围时，自动释放多余压力，从而保护受电弓系统的安全运行。由于受电弓的升降操作依赖气压驱动，气压过高可能会对系统的气阀、管道以及其他部件造成损坏，所以需要通过安全阀的自动调节释放多余气压，排除潜在的危险，预防设备故障</td></tr>
<tr><td>7</td><td>ADD 自动降弓装置</td><td>ADD 自动降弓装置：由带气道的特制的滑板、与滑板气道相连接的布置在上框架和下臂杆的气路、安装在底架上的快排阀、安装在车内受电弓供风单元上的压力开关组装组成
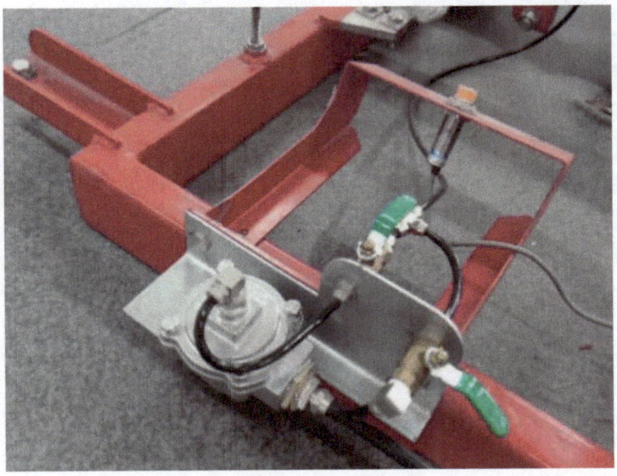</td></tr>
</table>

任务评价

见表4-3。

表4-3　受电弓结构及功能认知任务评价表

课程名称				
任务名称				
组长			组员	
实训地点			日期	
职业素养互评				
评价内容	评价结果			
	A（优）	B（良）	C（中）	D（差）
（1）操作过程中问题记录及纠错情况				
（2）小组成员合作互助情况				
（3）个人防护用品穿戴情况				
（4）操作完毕后工位整理情况				
（5）有无改进、创新的动作				
专业技能评价				
评价内容	评价结果			
	A（优）	B（良）	C（中）	D（差）
（1）回答的受电弓零部件名称与实物对应的正确度				
（2）回答每个零部件的位置及互相之间配合关系的正确度				
综合评价				

任务4.2 受电弓空气管路安装

教学目标

1. 知识目标

(1) 基础理论知识

① 熟悉城轨车辆受电弓系统的组成与工作原理。

② 理解空气管路的类型、结构和气动元件（如气动阀、压力表、减压阀）的功能及用途。

③ 掌握气路原理图的符号及线路连接方式。

(2) 安全知识

① 了解受电弓系统的检修与维护规程。

② 熟悉气动系统工作中的安全注意事项和风险防范措施。

(3) 技术规范

① 掌握不同类型受电弓设备的气路安装标准与操作规范。

② 了解管路接口连接方式（如快插接头、螺纹接口）及密封材料的选用。

2. 能力目标

(1) 阅读与理解能力

① 能够根据气路原理图准确识别各个气动元件的位置和作用。

② 理解不同系统气路之间的逻辑关系，规划合理的安装顺序。

(2) 动手操作能力

① 熟练使用常见工具（如扳手、剪刀）进行管路的拆装。

② 具备正确安装、紧固和对气路检漏的实际操作能力。

(3) 问题解决能力

① 在安装过程中，能判断和解决管路堵塞、漏气等常见问题。

② 能根据原理图发现管路错误连接，并进行调整。

3. 素质目标

(1) 职业素养与责任心

① 严格按照操作规程和安全规范开展工作，确保施工质量和安全。对设备运行状态保持高度责任心，避免安装错误导致系统故障。

② 团队协作与沟通能力

③ 能够与团队成员协作完成管路安装任务，并在需要时及时沟通解决问题。

④ 善于向上级汇报安装进展或存在的技术难题。

(2) 持续学习与创新精神

① 保持学习态度，关注行业发展趋势，不断提升专业能力。

② 积极总结工作经验，优化管路安装流程，提高效率。

学习难点与重点

1. 学习难点

(1) 原理图的理解与实践结合

① 有些学生可能对气路原理图理解不透彻，导致无法准确匹配元件与安装位置。

② 理论和实际安装场景不完全一致，可能需要灵活应对。

(2) 复杂管路的安装规划

① 多条管路可能交错，要求学生具备较强的规划和空间思维能力。

② 某些元件安装空间狭小，管路布置难度较大。

(3) 气动系统的检漏和排障

① 判断漏气点和处理细微漏气问题可能较为复杂，需要细心检查。

② 排除系统故障时，要求学生有较强的分析能力和问题解决能力。

(4) 安全风险控制

在气动系统中，若误操作，可能导致受电弓无法升降或损坏，存在安全隐患。在高压气体操作下，学生需高度注意安全，避免发生事故。

2. 学习重点

(1) 准确理解气路原理图

① 正确识别气动元件符号及其作用（如储气罐、减压阀、压力表等）。

② 了解空气管路的走向及逻辑关系，确保元件和接口位置与图纸对应。

(2) 设备正确安装和连接

① 按照标准规范安装空气管路，确保各气动元件和管道接口连接牢固。

② 使用合适的工具与材料止漏气。

(3) 检漏和调试

① 检查管路是否有漏气现象，并进行气密性测试。

② 在调试阶段，根据气动系统的运行情况适时调整压力和气路配置。

(4) 安全操作与规范流程

① 严格遵守检修和安装中的安全规范，避免管路压力过高或误操作。

② 规范化操作，防止误接或反接管道。

任务说明

<table>
<tr><td>作业任务</td><td>受电弓空气管路安装</td><td>供电条件</td><td>先断电再通电</td><td rowspan="2">二维码</td><td rowspan="2"></td></tr>
<tr><td>作业人数</td><td>2</td><td>作业时间</td><td>30 min</td></tr>
<tr><td>人员分工</td><td colspan="5">1. 两人分工合作完成空气管路安装。
2. 哪些步骤分工，哪些步骤合作，小组谈论决定，视配合流畅度和任务饱满度打出团队协作分数</td></tr>
<tr><td>安全注意事项</td><td colspan="5">1. 训练前正确佩戴安全帽、劳保手套。
2. 训练过程中不允许追逐打闹，严格按照实训室教师安排进行认知操作。
3. 按照气路原理图完成空气管路安装。
4. 安装完成后如果需要通电起动空压机，应提前口呼空压机起动，待他人完全知晓后再操作。
5. 整个管路安装过程断电进行，并确认受电弓完全降下，严禁通电</td></tr>
</table>

任务准备

1. 知识准备

学生在操作前，需要扫描二维码，观看操作视频。

2. 操作准备

学生在操作前，需要阅读实训室使用注意事项和工作任务安全注意事项。

3. 用品准备（见表4-4）

表4-4 任务4.2 用品清单

类别	序号	名称	规格型号	数量	单位	备注
工量具	1	开口扳手	4#	2	把	
	2	剪刀	通用	2	把	
	3	螺丝刀	通用十字	2	把	
	4	空气管路（塑料）	5 mm	1	卷	
个人防护用品	1	安全帽	通用	2	个	
	2	劳保鞋	通用	2	双	
	3	劳保手套	通用	2	双	

任务实施

见表4-5。

表 4-5　受电弓空气管路安装操作指导

序号	作业项目	作业内容及图示
1	操作前准备	工具准备：开口扳手、螺丝刀、剪刀等 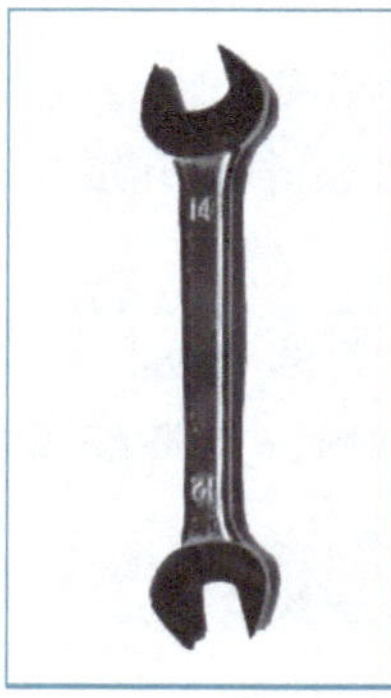 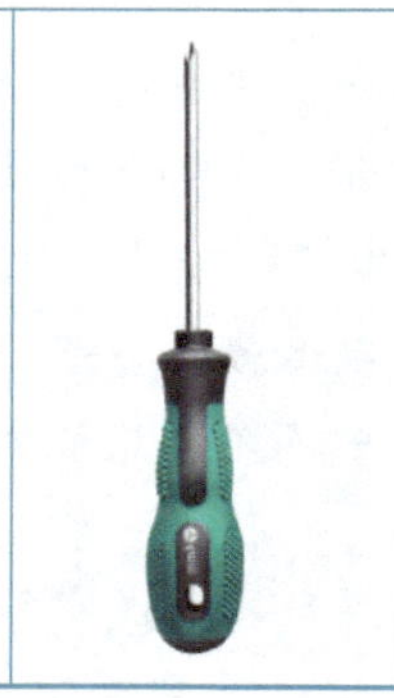 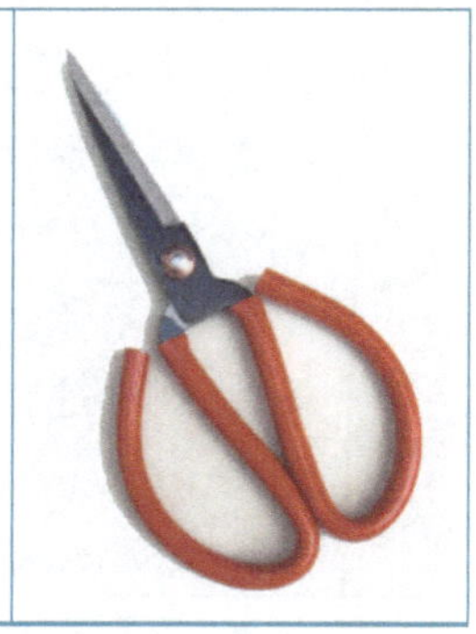
2	安全确认	（1）确认空压机处于停机状态。 （2）确认各阀体处于截断位置  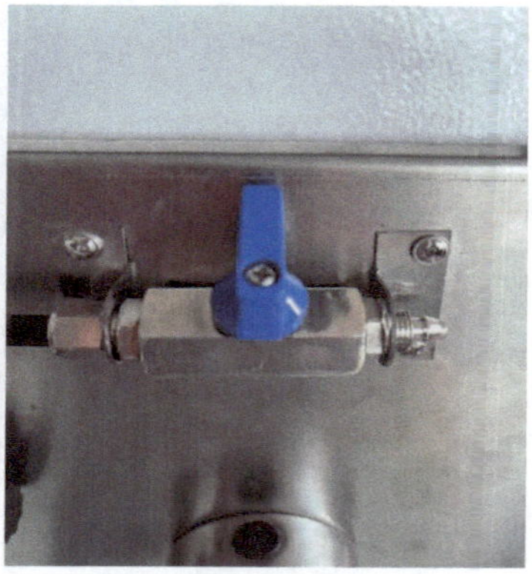
3	阀体安装	1. 阀体选型 常见阀体种类： 单向阀：允许气流单向通过，防止反向流动。 减压阀：调节和稳定气压。 电磁阀：通过电信号控制气路的开闭。 快速排气阀：加速排气，提高受电弓的升降速度。 截止阀：用于手动控制气路的通断。 2. 阀体安装 安装前检查与准备： （1）检查阀体是否有外观损坏，如裂纹、接口损坏。

续表

序号	作业项目	作业内容及图示
3	阀体安装	（2）确保管道和阀体内部干净、无杂物，防止异物进入气路。 3. 安装阀体 （1）**连接方式确认**：根据气路原理图，确定阀体的安装方向和位置。  单向阀：安装时注意进气和出气方向，避免反向安装。 减压阀：应安装在需要稳定压力的分支气路中。 电磁阀：注意电磁阀与控制线路的匹配，确保连接紧密。 （2）使用十字螺丝刀将阀体拧紧，避免用力过大导致螺纹损坏
4	管路截取	（1）尽量沿短路径布线，避免管路缠绕或交叉。 （2）预留适当的富余长度（通常多留 1 ~ 2 cm），避免拉伸造成管路松脱。 （3）计算好连接软管的长度，使用剪刀截取合适长度 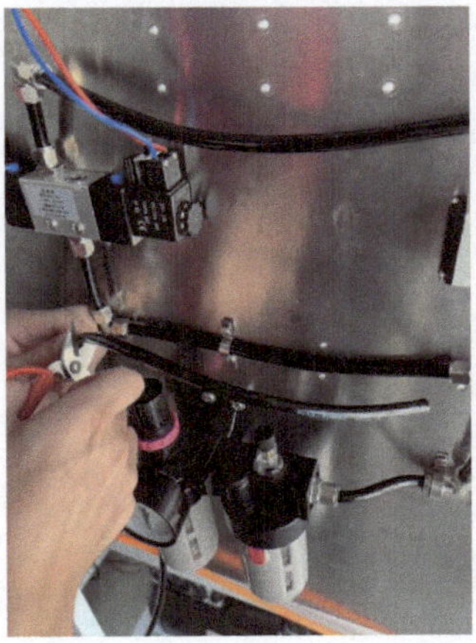
5	管路连接	1. 选择合适的接头类型 快插接头：快速插拔，适用于标准空气管路系统。 螺纹接头：需要用扳手固定，适用于高压或特殊接头需求。 弯头或三通接头：用于转角或多分支连接。 2. 插入空气管路 快插接头：将管路直接插入接头，确保插到底。轻轻拉动管路确认是否卡紧，不应松动。

续表

<table>
<tr><th>序号</th><th>作业项目</th><th>作业内容及图示</th></tr>
<tr><td>5</td><td>管路连接</td><td>螺纹接头：用4#开口扳手将管路与接头拧紧。必要时，在螺纹部分涂抹螺纹密封剂，增强密封性。
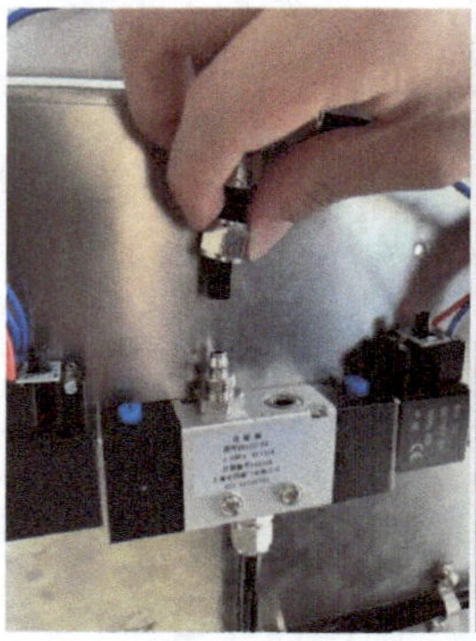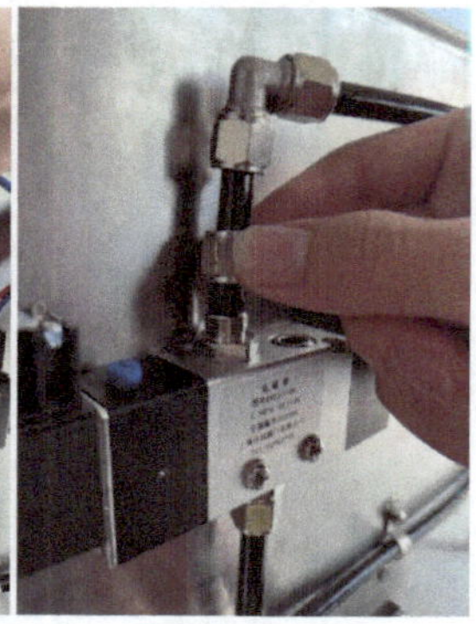
3. 检查连接牢固性
检查管路与各接头、阀体的连接是否紧密，有没有松动或歪斜。确保弯折部分的管路半径足够大，避免因过度弯曲造成堵塞或损坏
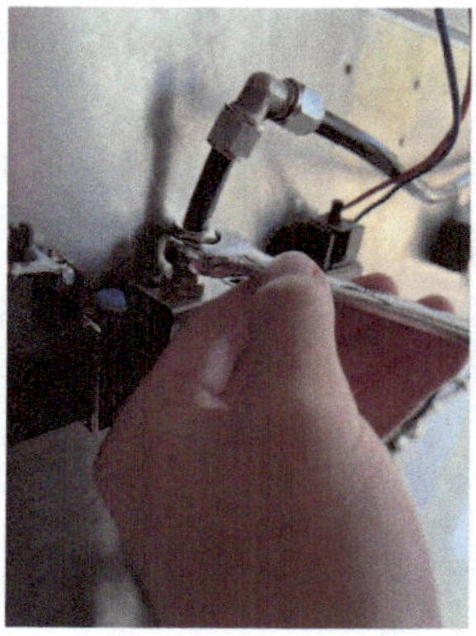</td></tr>
<tr><td>6</td><td>安装脚踏升弓泵管路</td><td>在图示位置安装脚踏升弓泵的管路
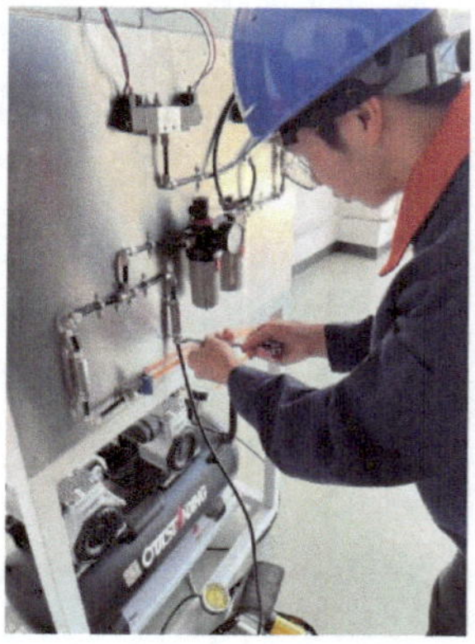</td></tr>
</table>

续表

序号	作业项目	作业内容及图示
7	气路验证	1. 脚踏升弓泵气路验证 （1）打开空气管路与受电弓连接一端的截断塞门。 （2）持续脚踩踏板，查看气压表数值是否上升。 （3）待数值到达 0.5 MPa 后，停止脚踩，观察数值是否迅速下降。 2. 阀体与气路密封性验证 （1）打开空压机。 （2）将所有阀体打至导通位。 （3）观察气压表，待压力达到 0.5 MPa 后，将空压机与面板之间、面板与受电弓之间的截断塞门打至截断位。 （4）10 min 后观察气压表数值，计算气压下降总量  
8	整理工位	1. 断开气源与电源 （1）关闭气源阀门，释放残余压力，确保管路系统完全卸压。切断相关电源，防止误触或误操作。 2. 拆除临时警示标识与防护设备 （1）如果在作业区域布置了安全围栏、警示牌、绝缘垫等，应及时拆除并归还至指定位置。 （2）确保现场无安全隐患后，再恢复设备的正常使用状态。 3. 检查工具状态并归还工具箱 （1）检查所用工具（如扳手、剪刀等）是否完好，如有损坏需及时报备和更换。 （2）按类别清点工具，归还工具箱，确保下次使用时齐全。 （3）对常用工具进行必要的清洁和润滑，如剪刀的刀片、扳手的关节部位等。 （4）使用后的测量仪器（如压力表或检漏仪）应进行校准和保养

任务评价

见表4-6。

表4-6 受电弓空气管路安装任务评价表

<table>
<tr><td>课程名称</td><td colspan="5"></td></tr>
<tr><td>任务名称</td><td colspan="5"></td></tr>
<tr><td>组长</td><td colspan="2"></td><td>组员</td><td colspan="2"></td></tr>
<tr><td>实训地点</td><td colspan="2"></td><td>日期</td><td colspan="2"></td></tr>
<tr><td colspan="6">职业素养互评</td></tr>
<tr><td colspan="2" rowspan="2">评价内容</td><td colspan="4">评价结果</td></tr>
<tr><td>A（优）</td><td>B（良）</td><td>C（中）</td><td>D（差）</td></tr>
<tr><td colspan="2">（1）操作过程中问题记录及纠错情况</td><td></td><td></td><td></td><td></td></tr>
<tr><td colspan="2">（2）小组成员合作互助情况</td><td></td><td></td><td></td><td></td></tr>
<tr><td colspan="2">（3）个人防护用品穿戴情况</td><td></td><td></td><td></td><td></td></tr>
<tr><td colspan="2">（4）操作完毕后工位整理情况</td><td></td><td></td><td></td><td></td></tr>
<tr><td colspan="2">（5）有无改进、创新的动作</td><td></td><td></td><td></td><td></td></tr>
<tr><td colspan="6">专业技能评价</td></tr>
<tr><td colspan="2" rowspan="2">评价内容</td><td colspan="4">评价结果</td></tr>
<tr><td>A（优）</td><td>B（良）</td><td>C（中）</td><td>D（差）</td></tr>
<tr><td colspan="2">（1）受电弓空气管路安装工具使用熟练度</td><td></td><td></td><td></td><td></td></tr>
<tr><td colspan="2">（2）受电弓空气管路安装结果正确度</td><td></td><td></td><td></td><td></td></tr>
<tr><td colspan="2">（3）受电弓空气管路安装步骤完整度</td><td></td><td></td><td></td><td></td></tr>
<tr><td colspan="2">综合评价</td><td colspan="4"></td></tr>
</table>

任务4.3 受电弓里程检作业训练

教学目标

1. 知识目标

(1) 里程检的基本要求

① 理解里程检的目的和意义，包括对设备状态的评估和预防性维护。

② 学习受电弓零部件的检验标准和相关规范。

(2) 碳滑板的厚度测量

① 了解碳滑板的材料特性及其在受电弓中的重要性。

② 学习如何使用测量工具（如游标卡尺、拉力计）进行碳滑板的厚度测量。

(3) 常见故障及其识别

① 了解受电弓在使用过程中可能出现的常见故障，如碳滑板磨损、接触不良等。

② 掌握初步的故障识别方法和处理建议。

2. 能力目标

(1) 外观检查能力

① 能够独立进行受电弓各零部件的外观检查，判断是否存在损伤或磨损。

② 学会记录检查结果，并对异常情况做出初步判断。

(2) 碳滑板厚度测量技能

① 能够熟练使用测量工具进行碳滑板的厚度测量，准确记录测量数据。

② 理解测量数据对受电弓性能的影响，并判断其是否在合格范围内。

(3) 故障判断与处理能力

① 根据外观检查和测量结果，能够判断受电弓的状态，识别可能的故障。

② 学会提出合理的维修和更换建议。

(4) 记录与报告能力

① 能够准确记录检查和测量结果，并撰写简单的报告。

② 学会向上级汇报检查结果和可能的问题。

3. 素质目标

(1) 安全意识与责任感

① 在进行里程检作业时，保持安全意识，确保自身和他人的安全。

② 对检查结果负责，认真对待每一个检查环节。

(2) 细致与耐心的工作态度

① 在进行外观检查和厚度测量时注重细节，应确保每个操作步骤的准确性。

② 遇到问题时，应保持耐心，认真分析并寻找解决方案。

(3) 团队合作与沟通能力

① 在小组学习和实践中，能够积极沟通与合作，分享经验和知识。

② 学会倾听他人的意见和建议，以提高整体学习效果。

(4) 自主学习与探索精神

① 鼓励学生在课外主动学习相关知识，了解新技术和新设备。

② 积极探索受电弓的维护与保养技术，培养创新思维。

学习难点与重点

1. 学习难点

(1) 细致检查的能力

① 学生在进行受电弓外观检查时，可能因为经验不足而遗漏细节。

② 需要通过反复练习和指导来提高观察能力和判断能力。

(2) 厚度测量的准确性

① 碳滑板的厚度测量要求精准，学生可能会在测量时产生误差。

② 需要加强对测量工具的使用培训，以提高测量精度。

(3) 故障判断的复杂性

① 故障判断往往需要结合考虑多个因素，学生可能在处理复杂情况时遇到困难。

② 需要培养综合分析能力，提升故障判断的准确性。

2. 学习重点

(1) 外观检查的标准与方法

① 重点掌握受电弓各零部件的外观检查标准，包括外观缺陷、磨损情况等。

② 学习如何使用检查工具对受电弓进行有效的外观评估。

(2) 碳滑板厚度测量

① 深入理解碳滑板厚度的测量方法及其对设备性能的重要性。

② 学会正确使用测量工具准确测量，并记录好测量结果。

(3) 故障识别与处理能力

① 强调对常见故障的认识和判断，培养故障排查的基本思路和方法。

② 学习在实践中快速定位问题并提出解决方案的能力。

任务说明

<table>
<tr><td>作业任务</td><td>受电弓里程检作业训练</td><td>供电条件</td><td>断电</td><td rowspan="2">二维码</td><td rowspan="2"></td></tr>
<tr><td>作业人数</td><td>2</td><td>作业时间</td><td>20 min</td></tr>
<tr><td>人员分工</td><td colspan="5">1. 一人进行受电弓外观目视检查，另一人记录数据。
2. 一人进行受电弓碳滑板厚度测量、静态接触压力测量、止挡杆间隙测量，另一人记录数据</td></tr>
<tr><td>安全注意事项</td><td colspan="5">1. 正确佩戴安全帽、劳保手套。
2. 训练过程中，不允许追逐打闹，严格按照实训室教师安排进行认知操作。
3. 按照检查规程进行受电弓检查。
4. 如需升降弓，则提前口呼升降弓，待他人完全知晓后再操作。
5. 整个训练过程断电完成，并确认受电弓完全降下，严禁通电</td></tr>
</table>

任务准备

1. 知识准备

学生在操作前，需要扫描二维码，观看操作视频。

2. 操作准备

学生在操作前，需要阅读实训室使用注意事项和工作任务安全注意事项。

3. 用品准备（见表4-7）

表4-7 任务4.2用品清单

类别	序号	名称	规格型号	数量	单位	备注
工量具	1	游标卡尺	通用	1	把	
	2	拉力计	通用	1	个	
个人防护用品	1	安全帽	通用	2	个	
	2	劳保鞋	通用	2	双	
	3	劳保手套	通用	2	双	

任务实施

见表4-8。

表4-8　受电弓里程检作业训练操作指导

序号	作业项目	作业内容及图示
1	操作前准备	工量具准备：游标卡尺、拉力计等 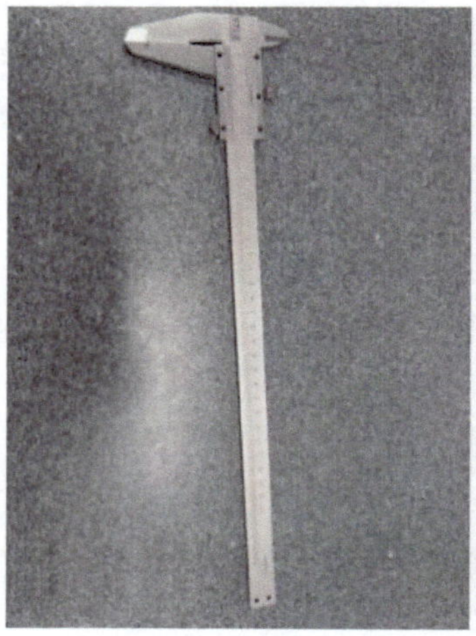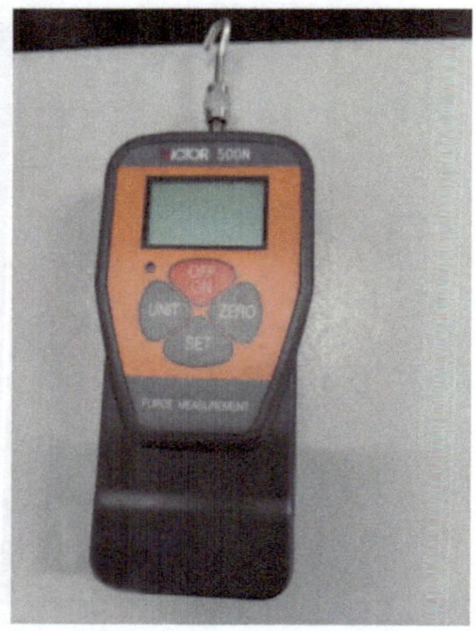
2	受电弓目测检查1	（1）目测检查外观，各部件、底架、铰链系统无裂纹、缺失和变形的零件，铰链系统润滑良好。 （2）手提弓头部位，观察铰链部位活动是否灵活 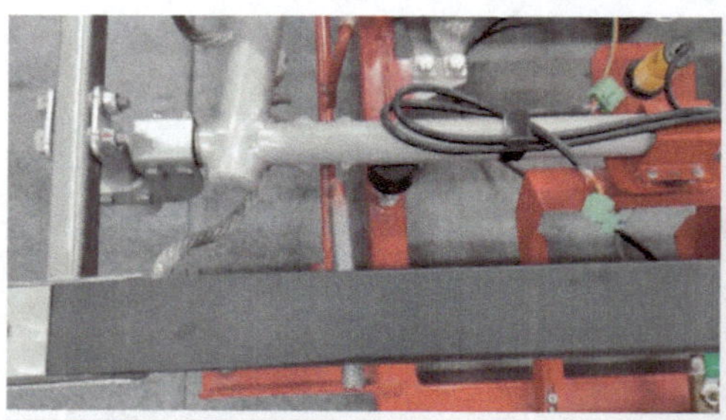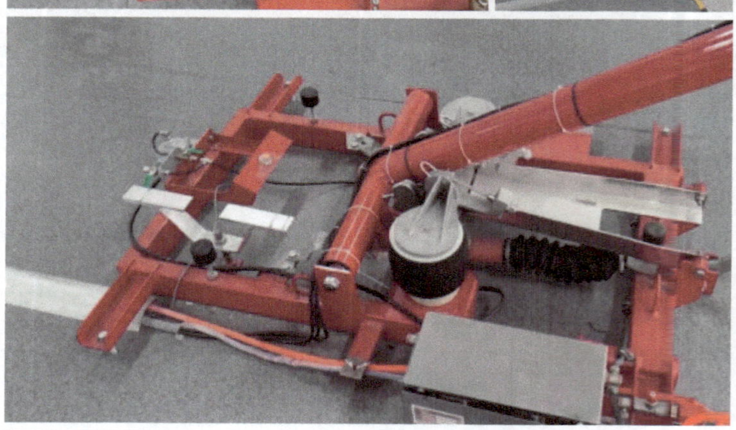

续表

序号	作业项目	作业内容及图示
3	受电弓目测检查2	（1）检查所有导流线，应固定螺栓无松动，断股不超过10%。 （2）若需要更换导流线，则在导流线连接压接面处用毛刷涂抹导电润滑脂。在接线端表面锈蚀处，先进行除锈处理，再涂抹一层导电润滑脂 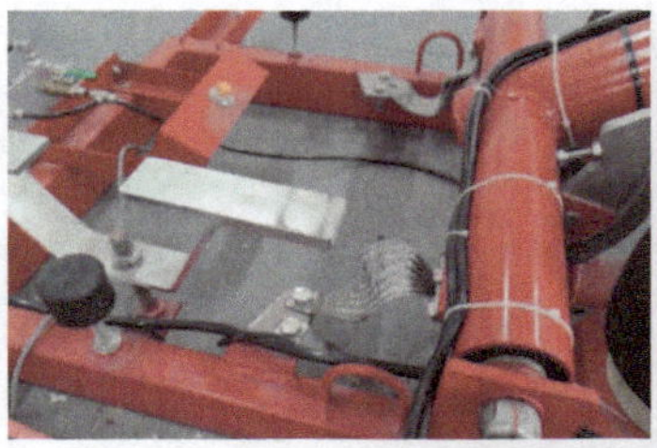 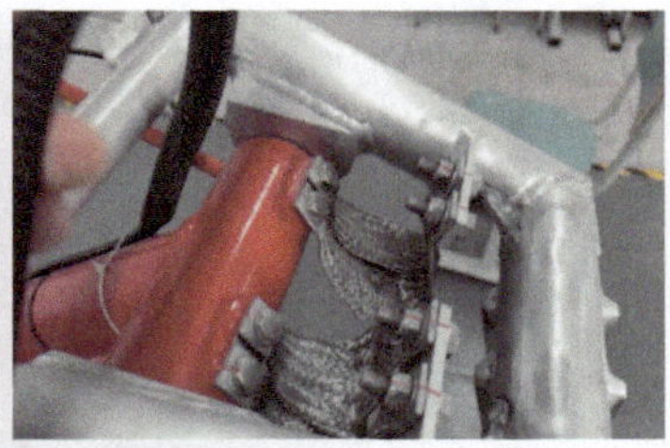 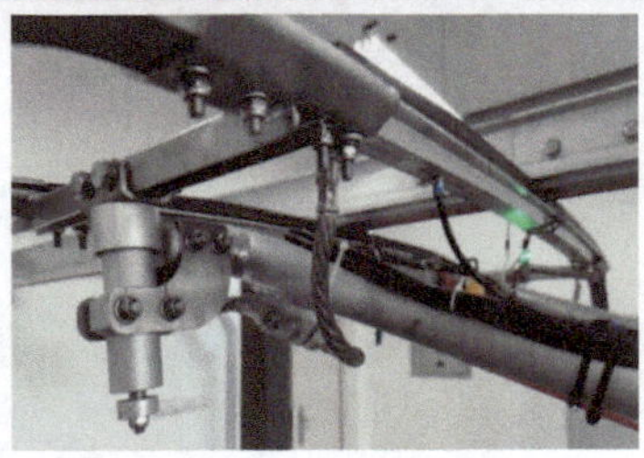
4	受电弓目测检查3	目测检查碳滑板，应安装牢固无变形，表面光滑，无严重腐蚀、电腐蚀、空洞及凹凸不平等现象，不得有氧化、裂损、起层现象。发生如下现象时，需进行更换： （1）滑条与铝托架间有黑色开胶现象； （2）碳滑板有沿列车运行方向的纵向裂纹； （3）碳滑板边沿缺陷的长、宽同时超过接触网线的直径  

续表

序号	作业项目	作业内容及图示
5	碳滑板厚度测量	（1）在碳滑板上取三个点进行厚度测量，分别是碳滑板中间部位一个点、从碳滑板中部向两侧 200 mm 处分别取一个点，用游标卡尺测量碳滑板表面距铝托架底部的厚度，碳滑板厚度应大于 24 mm。 （2）如更换碳滑板，更换碳滑板后两个碳滑板高度差不超过 3 mm 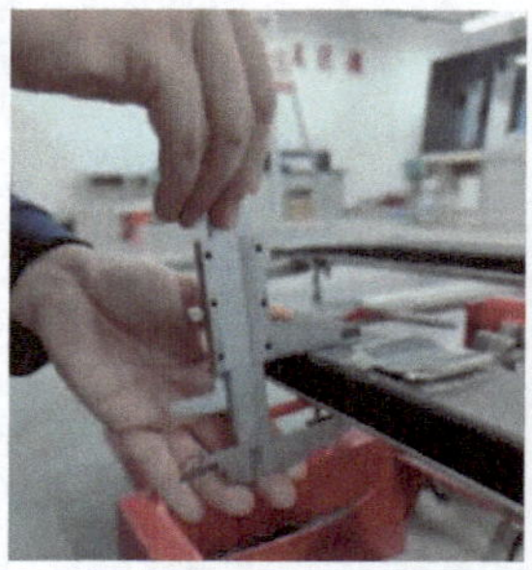 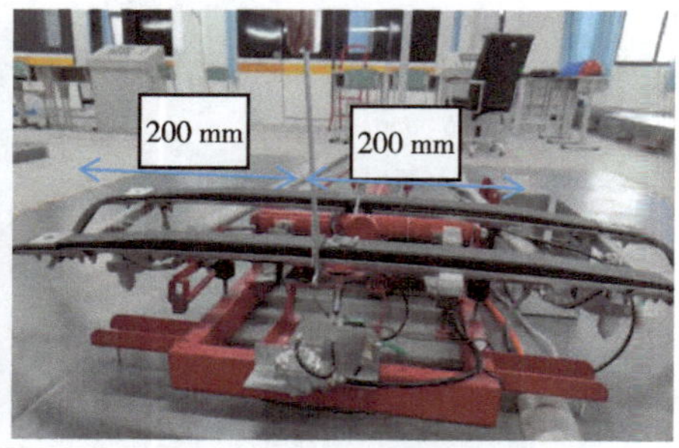
6	受电弓目测检查 4	检查碳滑板定位螺钉，应无松动 
7	受电弓目测检查 5	检查各阀，应位置正确 

续表

序号	作业项目	作业内容及图示
8	受电弓目测检查6	（1）目视检查弓头外观，应无损坏。 （2）用手拉动框架部位，检查动作情况，应动作灵活。 （3）检查碳滑板和弓头悬挂装置间的连接处、弓头悬挂装置和上框架顶管间的连接处，应无松动 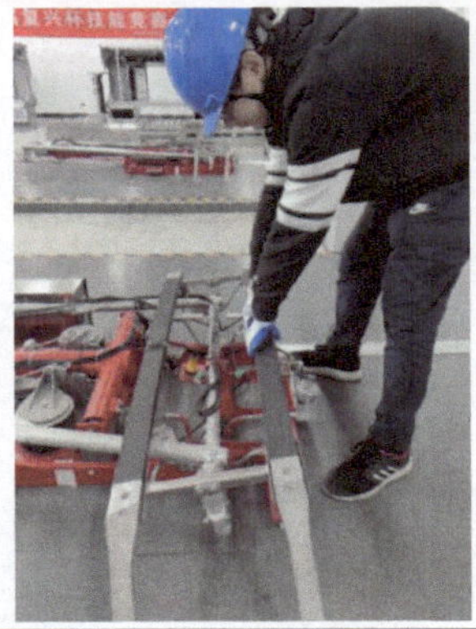
9	受电弓目测检查7	（1）检查ADD气路软管，应无破损，无灼伤，耳听有无泄漏声。 （2）检查升弓气囊外观及安装螺栓防松线，应无破损，无松动；在无高压情况下升弓后耳听检查泄漏情况。 （3）用手转动钢丝绳，检查滑动是否灵活，有无断股 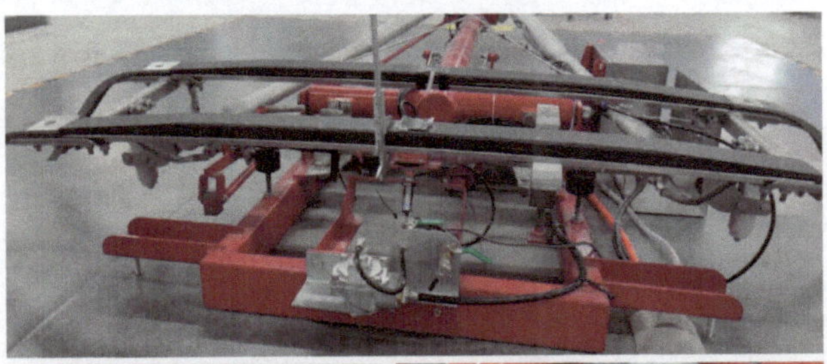  
10	碳滑板静态接触压力检测	检查碳滑板静态接触压力，在无高压状态且总风压力在700 kPa以上时完成升弓，使用拉力计下拉弓头至距车顶表面600 mm处，检查升弓静态接触压力，应为（120±10）N 

续表

序号	作业项目	作业内容及图示
11	止挡杆间隙检测	检查止挡杆间隙时，先无高压升弓，然后将受电弓压到工作高度，用水平尺保持弓头水平，测量止挡杆间隙，要求如下： （1）碳滑板铝托架和止挡杆的间隙为 5 ~ 30 mm； （2）铝托架与阶梯铝管的间隙为 5 ~ 30 mm； （3）碳滑板表面距上框架顶管上表面距离为（67.5±6）mm 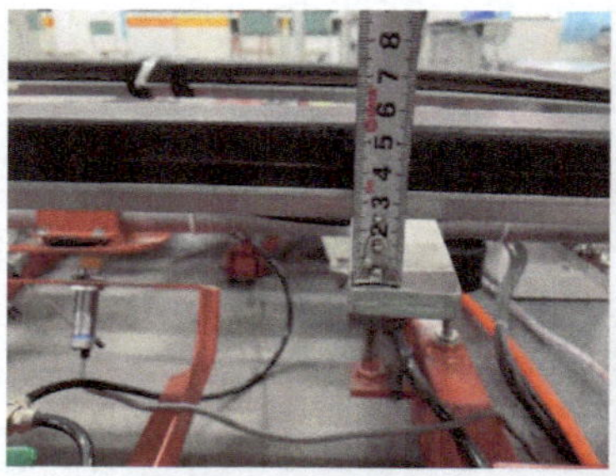

任务评价

见表4-9。

表4-9　受电弓里程检任务评价表

课程名称				
任务名称				
组长		组员		
实训地点		日期		
职业素养互评				
评价内容	评价结果			
	A（优）	B（良）	C（中）	D（差）
（1）操作过程中问题记录及纠错情况				
（2）小组成员合作互助情况				
（3）个人防护用品穿戴情况				
（4）操作完毕后工位整理情况				
（5）有无改进、创新的动作				
专业技能评价				
评价内容	评价结果			
	A（优）	B（良）	C（中）	D（差）
（1）受电弓里程检工具使用熟练度				
（2）受电弓里程检结果正确度				
（3）受电弓里程检步骤完整度				
综合评价				

任务4.4 受电弓月检作业训练

教学目标

1. 知识目标

(1) 月检作业的标准与要求

① 理解月检的目的和重要性，包括对设备状态的定期评估和预防性维护。

② 学习月检过程中需要遵循的检验标准和相关规范。

(2) 升降弓时间的测量与调整

① 学习如何测量受电弓的升降时间，以及影响升降时间的因素。

② 理解升降弓时间对受电弓性能的重要性。

(3) 静态接触压力的测量与调整

① 了解静态接触压力的概念及其对受电弓和接触网的影响。

② 掌握静态接触压力的测量方法和调整技巧。

2. 能力目标

(1) 受电弓外观检查能力

① 能够独立进行受电弓各零部件的外观检查，判断是否存在损伤或磨损。

② 学会记录检查结果，并对异常情况做出初步判断。

(2) 升降弓时间的测量与调整技能

① 能够熟练使用测量工具测量受电弓的升降时间，并根据要求进行调整。

② 理解升降弓时间的调整对受电弓性能的影响。

(3) 静态接触压力的测量与调整能力

① 能够使用相应工具测量静态接触压力，判断其是否在标准范围内。

② 学会根据测量结果进行静态接触压力的调整，以确保弓网接触良好。

(4) 记录与报告能力

① 能够准确记录检查和测量结果，并撰写简单的报告。

② 学会向上级汇报检查结果和可能存在的问题。

3. 素质目标

(1) 安全意识与责任感

① 在进行月检作业时，保持安全意识，确保自身和他人的安全。

② 对检验结果负责，认真对待每一个检查环节。

（2）细致与耐心的工作态度

① 在进行外观检查、升降弓时间测量和静态接触压力测量时注重细节，应确保每个操作步骤的准确性。

② 遇到问题时，应保持耐心，认真分析并寻找解决方案。

（3）团队合作与沟通能力

① 在小组学习和实践中，能够积极沟通与合作，分享经验和知识。

② 学会倾听他人的意见和建议，以提高整体学习效果。

（4）自主学习与探索精神

① 鼓励学生在课外主动学习相关知识，了解新技术和新设备。

② 积极探索受电弓的维护与保养技术，培养创新思维。

学习难点与重点

1. 学习难点

（1）细致检查的能力

① 学生在进行外观检查时，可能因为经验不足而遗漏细节。

② 需要通过反复练习和指导来提高观察能力和判断能力。

（2）升降弓时间的测量精度

① 升降弓时间的测量要求精准，学生可能会在测量时产生误差。

② 需要加强对测量工具的使用培训，以提高测量精度。

（3）静态接触压力的判断与调整

① 学生在判断静态接触压力是否合格时可能面临困难，特别是在复杂环境下。

② 需要培养学生的综合分析能力，以确保接触压力调整的准确性和有效性。

2. 学习重点

（1）外观检查的标准与方法

① 重点掌握受电弓各零部件的外观检查标准，包括外观缺陷、磨损情况等。

② 学习如何使用检查工具进行有效的外观评估。

（2）升降弓时间的测量与调整

① 深入理解升降弓时间的测量方法及其对受电弓性能的重要性。

② 学会在实践中进行升降弓时间的调整，以确保其符合标准。

（3）静态接触压力的测量与调整

① 强调对静态接触压力的认识，掌握其测量与调整的基本技能。

② 学习根据静态接触压力测量结果进行合理的调整，以确保良好的弓网电气接触。

任务说明

<table>
<tr><td>作业任务</td><td>受电弓月检作业训练</td><td>供电条件</td><td>断电</td><td rowspan="2">二维码</td><td rowspan="2"></td></tr>
<tr><td>作业人数</td><td>2</td><td>作业时间</td><td>30 min</td></tr>
<tr><td>人员分工</td><td colspan="5">1. 一人进行受电弓外观目视检查，另一人记录数据。
2. 一人进行受电弓升降弓动作、静态接触压力试验，另一人记录数据</td></tr>
<tr><td>安全注意事项</td><td colspan="5">1. 训练前，正确佩戴安全帽、劳保手套。
2. 训练过程中，不允许追逐打闹，严格按照实训室教师安排进行认知操作。
3. 独立完成受电弓的月检规程操作。
4. 如需升降弓，则提前口呼升降弓，待他人完全知晓后再操作。
5. 整个训练过程断电完成，并确认受电弓完全降下，严禁通电</td></tr>
</table>

任务准备

1. 知识准备

学生在操作前，需要扫描二维码，观看操作视频。

2. 操作准备

学生在操作前，需要阅读实训室使用注意事项和工作任务安全注意事项。

3. 用品准备（见表 4-10）

表 4-10　任务 4.3 用品清单

类别	序号	名称	规格型号	数量	单位	备注
工量具	1	游标卡尺	通用	1	把	
	2	拉力计	通用	1	个	
	3	计时器	通用	1	个	
	4	开口扳手	27 mm	1	把	
个人防护用品	1	安全帽	通用	2	个	
	2	劳保鞋	通用	2	双	
	3	劳保手套	通用	2	双	

任务实施

见表 4-11。

表 4-11　受电弓月检作业训练操作指导

序号	作业项目	作业内容及图示
1	受电弓目测检查 1	（1）检查所有导流线，应固定螺栓无松动，断股不超过 10%。 （2）若需要更换导流线，则在导流线连接压接面处用毛刷涂抹导电润滑脂。在接线端表面锈蚀处，先进行除锈处理，再涂抹一层导电润滑脂 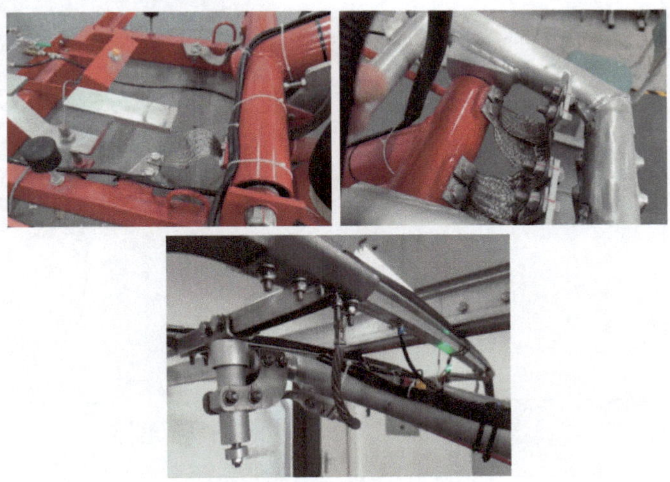
2	受电弓目测检查 2	（1）检查弓头，应无损坏、动作灵活。 （2）检查碳滑板和弓头悬挂装置间的连接处、弓头悬挂装置和上框架顶管间的连接处，应无松动，且注意防松线是否错位 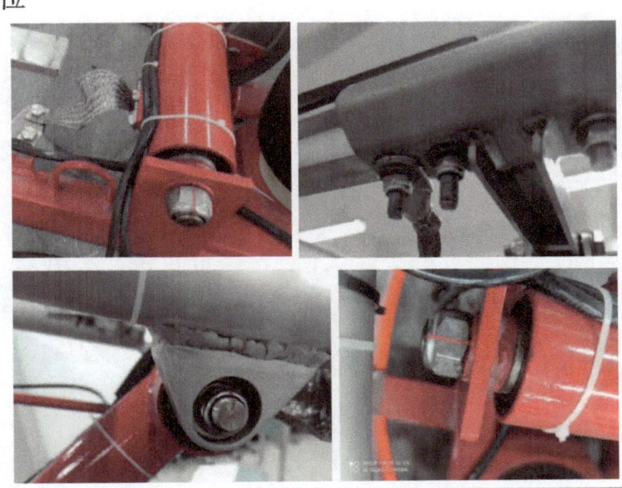

续表

<table>
<tr><th>序号</th><th>作业项目</th><th>作业内容及图示</th></tr>
<tr><td>3</td><td>受电弓目测检查3</td><td>（1）检查ADD气路软管，应无破损，无灼伤，耳听有无泄漏声。
（2）检查升弓气囊外观及安装螺栓防松线，应无破损，无松动；在无高压情况下升弓后耳听检查泄漏情况。
（3）用手转动钢丝绳，检查滑动是否灵活，有无断股

 </td></tr>
<tr><td>4</td><td>升降弓时间测量与调整</td><td>（1）升降弓应平稳无异音，升降弓时间符合标准，无恶性冲网、砸顶现象。
（2）用秒表检测升降弓时间，应符合：升弓时间在6～8 s之间，降弓时间在5～7 s之间。
注意：升降弓时间：从受电弓开始动作计时，到动作结束为止。
（3）操作细则标准如下：
<table>
<tr><th>操作细则</th><th>操作标准</th></tr>
<tr><td>气路检查</td><td>检查气路密封性以及各阀体导通状态</td></tr>
<tr><td>升弓时间和升弓作用过程的试验和调整</td><td>（1）按下电磁阀按钮，使受电弓升起，旋转按钮可自持。受电弓上升时间从受电弓运动开始，用秒表计时，直到受电弓接触到接触网为止。完成此过程后，记录受电弓起升时间。举弓过程中，应运动平稳，没有异常声音。</td></tr>
</table>
</td></tr>
</table>

续表

<table>
<tr><th rowspan="2">序号</th><th rowspan="2">作业项目</th><th colspan="2">作业内容及图示</th></tr>
<tr><th>操作细则</th><th>操作标准</th></tr>
<tr><td rowspan="2">4</td><td rowspan="2">升降弓时间测量与调整</td><td>升弓时间和升弓作用过程的试验和调整</td><td>（2）如果时间不合格（合格时间在6～8 s之间），调整受电弓电箱内升弓节流阀，反复调整，直至合格。调整前先用开口扳手拧松锁紧螺母
</td></tr>
<tr><td>降弓时间和降弓动作过程的测试和调整</td><td>（1）按下电磁阀按钮，将受电弓降下，旋转按钮可自持。受电弓降落时间从受电弓动作开始，用秒表计时，直到它到达着陆位置。完成此工序后，记录降落时间。
（2）如果时间不合格（合格时间在5～7 s之间），调整受电弓电箱内降弓节流阀，反复调整，直至合格。调整前先用开口扳手拧松锁紧螺母。
注意：降弓过程中应运动平稳，无异常声音
</td></tr>
</table>

续表

<table>
<tr><th>序号</th><th>作业项目</th><th>作业内容及图示</th></tr>
<tr><td>5</td><td>受电弓静态接触压力测量与调整</td><td>在自然升弓状态下，用拉力计测静态接触压力，操作细则标准如下：
<table>
<tr><th>操作细则</th><th>操作标准</th></tr>
<tr><td>受电弓静态接触压力测量</td><td>（1）自然升弓状态下，用绳子协助将拉力计挂在受电弓端杆的中间。

（2）以恒定的速度向下垂直拉。

（3）观察拉力计并记录其值。
</td></tr>
</table></td></tr>
</table>

续表

序号	作业项目	作业内容及图示	
		操作细则	操作标准
5	受电弓静态接触压力测量与调整	受电弓静态接触压力测量	共记录数值3次；第1次，碳滑板距接触网220 mm；第2次，碳滑板距接触网250 mm；第3次，碳滑板距接触网280 mm。3次的静态接触压力均应为（120±10）N。
		受电弓静态接触压力调整	若静态接触压力不在规定范围内，则通过精密减压阀手轮进行调整。 **注意：** 调整前，先用开口扳手拧松锁紧螺母 

任务评价

见表4-12。

表4-12　受电弓月检任务评价表

<table>
<tr><td>课程名称</td><td colspan="4"></td></tr>
<tr><td>任务名称</td><td colspan="4"></td></tr>
<tr><td>组长</td><td></td><td>组员</td><td colspan="2"></td></tr>
<tr><td>实训地点</td><td></td><td>日期</td><td colspan="2"></td></tr>
<tr><td colspan="5">职业素养互评</td></tr>
<tr><td rowspan="2">评价内容</td><td colspan="4">评价结果</td></tr>
<tr><td>A（优）</td><td>B（良）</td><td>C（中）</td><td>D（差）</td></tr>
<tr><td>（1）操作过程中问题记录及纠错情况</td><td></td><td></td><td></td><td></td></tr>
<tr><td>（2）小组成员合作互助情况</td><td></td><td></td><td></td><td></td></tr>
<tr><td>（3）个人防护用品穿戴情况</td><td></td><td></td><td></td><td></td></tr>
<tr><td>（4）操作完毕后工位整理情况</td><td></td><td></td><td></td><td></td></tr>
<tr><td>（5）有无改进、创新的动作</td><td></td><td></td><td></td><td></td></tr>
<tr><td colspan="5">专业技能评价</td></tr>
<tr><td rowspan="2">评价内容</td><td colspan="4">评价结果</td></tr>
<tr><td>A（优）</td><td>B（良）</td><td>C（中）</td><td>D（差）</td></tr>
<tr><td>（1）受电弓月检工具使用熟练度</td><td></td><td></td><td></td><td></td></tr>
<tr><td>（2）受电弓月检结果正确度</td><td></td><td></td><td></td><td></td></tr>
<tr><td>（3）受电弓月检步骤完整度</td><td></td><td></td><td></td><td></td></tr>
<tr><td>综合评价</td><td colspan="4"></td></tr>
</table>

能力拓展

请利用智慧职教城市轨道交通、智慧树在线课程等数字化资源，以及受电弓检修相关书籍材料完成以下任务：

1. 以小组为单位，了解受电弓不同修程的检修作业内容，制订一份受电弓检修作业指导书。

2. 以小组为单位，扮演受电弓检修员，按照检修作业指导书，完成受电弓检修标准化作业，并录制成视频。

拓展阅读

李万君是中国铁路系统中享有盛名的“大国工匠”，被誉为“高铁焊接大师”。他是中车长春轨道客车股份有限公司的电焊高级技师，长期专注于轨道交通装备的焊接工作，尤其是在高铁焊接领域做出了卓越贡献。凭借精湛的焊接技艺和对工作的极致追求，李万君在确保高铁列车安全运行、推动中国高铁技术发展的过程中发挥了关键作用。

技术精湛，追求完美

李万君从事焊接工作30余年，凭借超群的手工焊接技艺，攻克了诸多高难度的技术难关。他掌握了“鱼鳞焊”等高难度焊接技术，焊缝平整如同艺术品。高铁车体的焊接对精度和稳定性要求极高，而他可将每一条焊缝的精度误差控制在头发丝的三分之一以内，体现了极高的工艺水平。

勇于创新，攻克难题

李万君不仅仅满足于做好手中的工作，他还在不断探索焊接技术的创新与改进。在中国高铁刚刚起步时，他参与了中国高铁车体焊接的关键技术攻关，克服了焊接材料、工艺和设备上的多项难题，为中国高铁的快速发展奠定了技术基础。

传承技艺，培养人才

作为高铁焊接领域的领军人物，李万君不仅专注于个人技艺的提升，还积极培养年轻一代的技术工人。他带领并培养了数十名优秀焊接技师，将自己的经验和技艺毫无保留地传授给后辈，推动了焊接技术在轨道交通领域的传承与发展。

荣誉与贡献

由于其突出贡献，李万君荣获了“全国劳动模范”“全国技术能手”等多项荣誉，并被授予“中华技能大奖”。作为工匠精神的杰出代表，他通过自己的努力和奉献，推动了中国轨道交通装备制造水平的提升，也展示了中国工匠的专业精神与责任感。

李万君以其卓越的技艺和执着的工匠精神，为中国高铁的发展和“走出去”做出了巨大贡献，成了中国制造业崛起的重要象征。

议一议

1. 请大家继续在网上查找大国工匠李万君在轨道交通焊接领域做出了哪些创新举措。

2. 思考李万君身上的哪些品质助他在轨道交通焊接领域获得成功。

项目5 转向架系统检修

- 任务5.1　转向架结构认知
- 任务5.2　转向架月检
- 任务5.3　轮对尺寸测量

项目介绍

转向架要承受各个方向的动静载荷，并且进行牵引与制动，因此是车辆较为关键的部件，其可靠性与安全性在车辆行驶过程中扮演着极为重要的角色。

本项目包含城轨车辆转向架结构认知、转向架月检、转向架尺寸测量3个任务。通过学习本项目，读者可以熟悉、认识、牢记转向架的组成及布置，懂得部件与部件之间的配合关系，熟悉转向架各个检查部位的关键要素，牢记并能正确使用相应的工具，按作业步骤对转向架进行检修、对轮对的尺寸进行测量，掌握转向架月检的步骤、检修标准、注意事项。

实训室使用注意事项

1. 劳动委员安排值日生每日在操作前进行实训室开窗通风。
2. 实训室严禁吸烟、吃零食。
3. 实训期间严禁追逐打闹、高声喊叫。
4. 实训前清点工量具，有数量和状态问题时及时上报教师。
5. 实训期间工具摆放整齐，取用后原位放回。
6. 女生长发必须扎好。
7. 实训结束后，劳动委员安排值日生打扫卫生，待教师检查合格后方可离开。
8. 实训结束后，学生检查设备状态，有问题及时上报教师。

备注

（1）每次任务完成后，按时填写实训报告。

（2）如遇问题，小组内部先互相讨论，并记录问题，然后询问教师。

任务5.1 转向架结构认知

教学目标

1. 知识目标

(1) 转向架的基本构造

① 了解转向架的主要组成部分，包括车轴、轮对、框架、悬挂系统、制动系统、导向装置等。

② 理解各部分的名称、结构特点及其在转向架中的位置。

(2) 转向架的工作原理

① 理解转向架在列车运行中的作用，包括对车辆的稳定性、操控性和安全性的影响。

② 学习转向架如何在转弯和行驶过程中适应轨道变化。

(3) 转向架各部分功能认知

① 掌握转向架各组成部分的具体功能，如车轴的支撑作用、悬挂系统的缓冲作用等。

② 理解转向架不同部分之间的协同作用及对整体性能的影响。

2. 能力目标

(1) 转向架结构识别能力

① 能够独立识别转向架的各个组成部分，并理解其功能。

② 在实际操作中能够准确定位各组成部件，为后续的检修和维护工作奠定基础。

(2) 转向架工作原理的理解与应用

① 能够解释转向架的工作原理，描述其在列车运行中的重要性。

② 理解如何根据运行条件维护转向架，以保证其正常工作。

(3) 故障判断与排查能力

① 能够根据转向架的运行状态进行初步的故障判断。

② 学会使用基本工具进行故障排查，提出合理的解决方案。

3. 素质目标

(1) 安全意识与责任感

① 在学习和操作中保持安全意识，确保自身和他人的安全。

② 对所学知识和技能负责，积极参与维护和保养工作。

(2) 细致与耐心的工作态度

① 在进行结构认知和故障排查时注重细节，确保每个操作步骤的准确性。

② 遇到问题时，应保持耐心，细致分析并寻找解决方案。

(3) 团队合作与沟通能力

① 在小组学习和实践中，能够积极沟通与合作，分享经验和知识。

② 学会倾听他人的意见和建议，以提高整体学习效果。

(4) 自主学习与探索精神

① 鼓励学生在课外主动学习相关知识，了解新技术和新设备。

② 积极探索转向架的改进与优化方向，培养创新思维。

学习难点与重点

1. 学习难点

(1) 对复杂结构的理解

① 学生在理解转向架的多组件结构时可能会遇到困难，需要反复学习和实践。

② 理解转向架各组成部件的相互作用及其对整体性能的影响。

(2) 工作原理的抽象性

① 转向架工作原理中涉及的机械原理，部分学生可能较难掌握。

② 需要通过案例分析和实践操作加强对理论的理解。

(3) 故障判断的复杂性

① 故障的判断往往需要综合运用所学知识，学生可能在处理复杂问题时感到困难。

② 需要培养学生的综合分析能力，提升故障判断的准确性。

2. 学习重点

(1) 转向架的组成与功能

① 重点掌握转向架的各个组成部分及其功能。

② 通过实际观察或模型学习，深入理解转向架的整体结构。

(2) 工作原理的理解

① 深入理解转向架的工作原理及其在车辆稳定性和操控性中的重要性。

② 学习如何根据不同的运行条件对转向架进行维护与保养。

(3) 故障排查与处理能力

① 强调对常见故障的认识，培养故障排查的基本思路和方法。

② 学习在实践中快速定位问题并提出解决方案的能力。

任务说明

作业任务	转向架结构认知	供电条件	断电	二维码
作业人数	2	作业时间	20 min	
人员分工	1. 一人提问，一人回答，待全部提问完毕，互换角色。 2. 采用从上至下、从左至右的顺序互相提问			
安全注意事项	1. 正确佩戴安全帽、劳保手套。 2. 学习过程中严禁追逐打闹，严格按照实训室教师安排进行认知操作。 3. 整个认知过程应断电完成，严禁通电			
备注	1. 认知完成后，正确填写实训报告。 2. 如遇问题，小组内部先互相讨论，并记录问题，然后问教师			

任务准备

1. 知识准备

学生在操作前，需要扫描二维码，观看操作视频。

2. 操作准备

学生在操作前，需要阅读实训室使用注意事项和工作任务安全注意事项。

3. 用品准备（见表5-1）

表5-1　任务5.1 用品清单

类别	序号	名称	规格型号	数量	单位	备注
工量具	1	手电筒	通用	2	个	
个人防护用品	1	安全帽	通用	2	个	
	2	劳保鞋	通用	2	双	
	3	劳保手套	通用	2	双	

任务实施

见表 5-2。

表 5-2 转向架结构认知操作指导

<table>
<tr><th>序号</th><th>作业项目</th><th>作业内容及图示</th></tr>
<tr><td>1</td><td>转向架
整体认知</td><td>转向架主要由中心牵引装置、轮对、基础制动单元、驱动单元、一系悬挂装置、二系悬挂装置、轴箱等组成
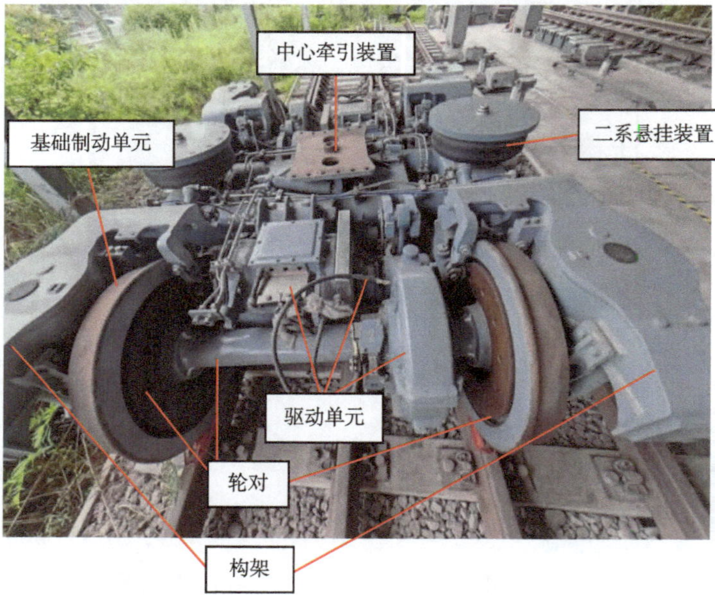

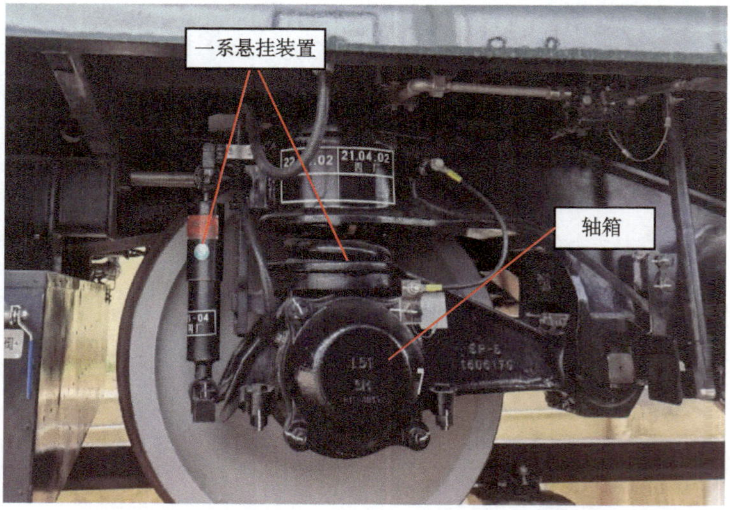
</td></tr>
</table>

续表

序号	作业项目	作业内容及图示
2	中心牵引装置	中心牵引装置将车体与转向架紧固连接，传递车体和转向架之间的纵向作用力。中心牵引装置主要包括中心销套和中心销。中心销上端与车体通过紧固件连接，中心销下端插入牵引梁内的中心销套内 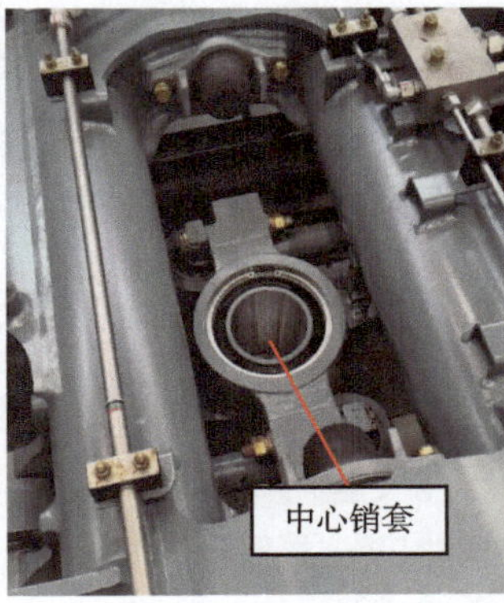
3	轮对	轮对直接向钢轨传递车辆重力，通过轮轨之间的黏着产生牵引力和制动力，并通过车轮的回转实现对车辆的牵引运行。轮对除传递车辆的重力外，还传递轮轨之间的各种作用力 
4	基础制动单元	基础制动单元主要包括制动缸、放大系统、制动闸片和制动盘，其作用是传递并放大制动缸的制动力，并将其传递给闸瓦或闸片，使其与车轮或制动盘摩擦而产生制动力 

续表

序号	作业项目	作业内容及图示
5	驱动单元	驱动装置只安装在动车的转向架上，主要是使牵引电机的扭矩转化为轮对或车轮上的转矩，利用轮轨间的黏着作月，驱动车辆沿钢轨运行。牵引电机在列车运行中还起着产生牵引力和电制动力的作用 
6	一系悬挂装置	一系悬挂装置用来保证一定的轴重分配，缓和线路不平顺对车辆的冲击，并保证车辆运行的平稳性。一系悬挂装置主要包括一系弹簧、垂向减振器等 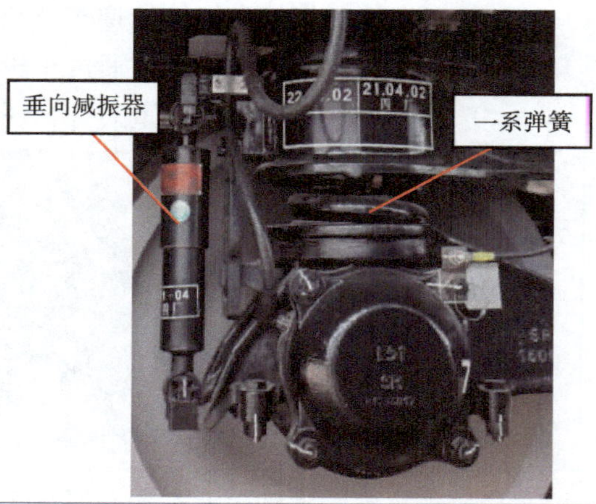
7	二系悬挂装置	二系悬挂装置位于转向架构架与车体之间，主要起到减振、缓冲和保证车辆运行平稳的作用。二系悬挂装置主要由空气弹簧、垂向减振器、高度调节阀组成。 空气弹簧：作为二系悬挂装置的核心部件，空气弹簧能吸收和缓解列车在运行过程中产生的振动和冲击。 

续表

<table>
<tr><th>序号</th><th>作业项目</th><th>作业内容及图示</th></tr>
<tr><td>7</td><td>二系悬挂装置</td><td>高度调节阀：与空气弹簧配合使用，调节空气弹簧的充放气量，以补偿因乘客重量变化或其他因素而产生的地板高度差，保持车辆地板高度基本不变。
垂向减振器：主要用来控制转向架构架和车体之间的垂向振动，确保列车在垂直方向上平稳运行，从而提升乘客的舒适度
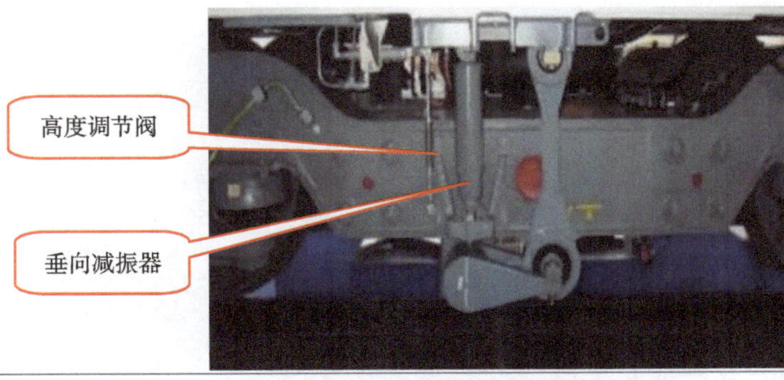
</td></tr>
<tr><td>8</td><td>轴箱</td><td>轴箱主要由轴箱体、滚动轴承、密封装置组成。
轴箱体：轴箱的主体部分，通常采用铸钢或铸造铝合金等高强度材料制成。轴箱体不仅支撑整个轴箱装置，还通过弹簧托盘等部件与转向架的其他部分相连，共同传递和承受列车运行中的各种力和载荷。
滚动轴承：内圈通常与车轴装配固定在一起，随车轴的运动而运动；外圈则固定在轴箱体上，与转向架保持静止状态。滚子在内外圈之间滚动，减少摩擦和阻力，提高运行效率。
密封装置：包括防尘挡板、防尘挡圈、油封等部件，这些部件共同协作，确保轴箱内部的清洁和润滑
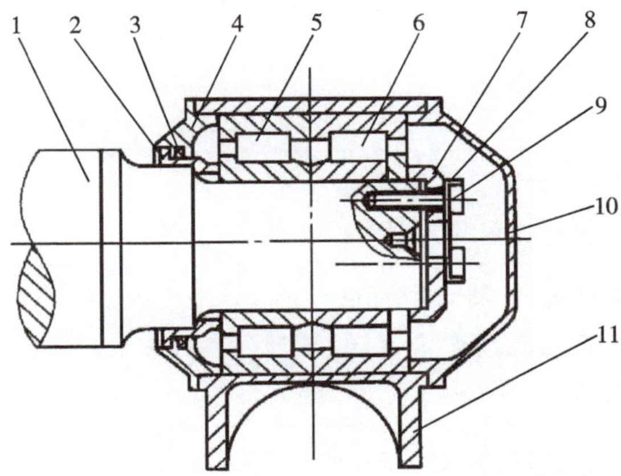

1—车轴；2—防尘挡圈；3—油封；4—后盖；5，6—圆柱滚动轴承；7—压板；8—防松片；9—螺栓；10—前盖；11—轴箱体。</td></tr>
</table>

任务评价

见表5-3。

表5-3　转向架结构认知任务评价表

<table>
<tr><td>课程名称</td><td colspan="4"></td></tr>
<tr><td>任务名称</td><td colspan="4"></td></tr>
<tr><td>组长</td><td colspan="2"></td><td>组员</td><td></td></tr>
<tr><td>实训地点</td><td colspan="2"></td><td>日期</td><td></td></tr>
<tr><td colspan="5">职业素养互评</td></tr>
<tr><td rowspan="2">评价内容</td><td colspan="4">评价结果</td></tr>
<tr><td>A（优）</td><td>B（良）</td><td>C（中）</td><td>D（差）</td></tr>
<tr><td>（1）操作过程中问题记录及纠错情况</td><td></td><td></td><td></td><td></td></tr>
<tr><td>（2）小组成员合作互助情况</td><td></td><td></td><td></td><td></td></tr>
<tr><td>（3）个人防护用品穿戴情况</td><td></td><td></td><td></td><td></td></tr>
<tr><td>（4）操作完毕后工位整理情况</td><td></td><td></td><td></td><td></td></tr>
<tr><td>（5）有无改进、创新的动作</td><td></td><td></td><td></td><td></td></tr>
<tr><td colspan="5">专业技能评价</td></tr>
<tr><td rowspan="2">评价内容</td><td colspan="4">评价结果</td></tr>
<tr><td>A（优）</td><td>B（良）</td><td>C（中）</td><td>D（差）</td></tr>
<tr><td>（1）回答的转向架部件名称与实物对应的正确度</td><td></td><td></td><td></td><td></td></tr>
<tr><td>（2）回答的每个零部件的位置及互相之间配合关系的正确度</td><td></td><td></td><td></td><td></td></tr>
<tr><td>综合评价</td><td colspan="4"></td></tr>
</table>

任务5.2 转向架月检

教学目标

1. 知识目标

(1) 外观检查的标准与要求

① 学习转向架外观检查的基本标准，包括对各零部件的检查项目，如磨损、裂纹、变形等。

② 理解转向架外观检查的重要性及其对转向架安全性的影响。

(2) 转向架的工作原理

① 理解转向架在列车运行中的作用，包括对车辆稳定性和安全性的影响。

② 学习如何根据转向架的工作原理来判断零部件的状态。

(3) 常见故障及其识别

① 了解转向架在使用过程中可能出现的常见故障。

② 掌握初步的故障识别方法及处理建议。

2. 能力目标

(1) 外观检查能力

① 能够独立进行转向架各零部件的外观目视检查，判断是否存在损伤、磨损或变形等情况。

② 学会记录检查结果并提出合理的维护建议。

(2) 问题识别与报告能力

① 能够识别潜在问题并在报告中清晰表达。

② 学会向上级汇报检查结果和可能存在的风险。

(3) 数据记录与分析能力

① 能够准确记录检查和分析结果，形成系统的检查报告。

② 学习如何根据检查数据进行初步分析，提出改善措施。

(4) 团队协作与沟通能力

① 在小组学习和检查中，能够积极沟通与合作，分享观察结果。

② 学会倾听他人的意见，以提高整体检查的效率和准确性。

3. 素质目标

(1) 安全意识与责任感

① 在进行月检作业时，保持安全意识，确保自身和他人的安全。

② 对检查结果负责，认真对待每一个环节，及时发现问题、报告问题。

(2) 细致与耐心的工作态度

① 在进行转向架外观检查时，应注重细节，确保每个操作步骤的准确性。

② 遇到问题时，应保持耐心，细致分析并寻找解决方案。

(3) 主动学习与探索精神

① 鼓励学生在课外主动学习相关知识，了解转向架的最新技术和维护方法。

② 积极探索转向架的改进与优化方向，培养创新思维。

(4) 团队合作意识

① 在团队中积极参与，共同解决问题，提升整体协作能力。

② 学会分工与合作，提高工作效率。

学习难点与重点

1. 学习难点

(1) 细致检查的要求

① 学生在进行转向架外观检查时，可能因为经验不足而遗漏细节。

② 需要通过反复练习和指导来提高观察能力和判断能力。

(2) 判断能力的提升

① 识别外观缺陷和潜在问题的能力要求较高，学生可能面临困难。

② 需要通过案例分析和实际操作来提升判断能力。

(3) 报告与沟通的准确性

① 学生在汇报检查结果时，可能因为表达不清而造成信息传递不准确。

② 需要加强培养学生的沟通技巧，确保信息的准确传递。

2. 学习重点

(1) 转向架的组成与外观检查标准

① 重点掌握转向架的各个组成部分及其外观检查标准。

② 学习如何有效识别磨损、裂纹和变形等问题。

(2) 外观检查的系统化

① 理解如何系统化地进行外观检查，确保检查覆盖到所有部件。

② 学会制订检查计划，合理安排时间与资源。

(3) 故障判断与处理能力

① 强调对常见故障的认识，培养故障排查的基本思路和方法。

② 学习在实践中快速定位问题并提出解决方案的能力。

任务说明

作业任务	转向架月检	供电条件	断电	二维码
作业人数	2	作业时间	15 min	
人员分工	1. 2人一组，一人进行检修，一人检查操作规范性，完毕后，互换角色。 2. 检修后，须根据检修情况进行互检确认，完成相关数据的填写			
安全注意事项	1. 检修前，正确佩戴安全帽、劳保手套。 2. 检修时，注意地面情况，确保不被绊倒，严禁在实训室追逐打闹。 3. 严格按照检修要求进行规范作业			
备注	1. 操作完成后，正确填写实训报告。 2. 如遇问题，小组内部先互相讨论，并记录问题，然后问教师			

任务准备

1. 知识准备

学生在操作前，需要扫描二维码，观看操作视频。

2. 操作准备

学生在操作前，需要阅读实训室使用注意事项和工作任务安全注意事项。

3. 用品准备（见表5-4）

表5-4　任务5.2 用品清单

类别	序号	名称	规格型号	数量	单位	备注
工量具	1	游标卡尺	通用	2	把	
	2	钢板尺	通用	2	把	
	3	钢直（卷）尺	通用	2	把	50～60 mm
	4	手电筒	通用	2	个	
个人防护用品	1	安全帽	通用	2	个	
	2	劳保鞋	通用	2	双	
	3	劳保手套	通用	2	双	

任务实施

见表 5-5。

表 5-5　转向架月检操作指导

序号	作业项目	作业内容及图示
1	转向架构架检修	目视检查构架，要求可视部分无裂纹、焊缝无裂纹 
2	转向架附件检修	（1）目视检查水平梁，应无裂纹，各开口销无缺失；手动检查水平梁、信标天线，安装螺栓应无松动，防松线清晰、无错位。 （2）目视检查排障器，应无松动、变形，防松线清晰、无错位；手动检查排障器安装螺栓，应无松动。 （3）目视检查传感器外观，应无损伤、无脱落，紧固件防松线清晰、无错位，导线无损伤、无绷紧；手动检查信号传感器、制动速度传感器，应安装牢固，电缆夹固定牢固  

续表

序号	作业项目	作业内容及图示
3	轮对检修	（1）目视检查轮对，要求：车轴、车轮无裂纹；降噪阻尼环无损伤；踏面、轮缘无异常磨耗，擦伤、剥离不超限。 （2）目视检查轮盘，要求：表面无裂纹、无缺损、无异常磨耗、无烧熔、无剥离，防松线无错位；手动检查各连接螺栓，应无松动。 （3）轮对尺寸测量（详见任务5.3）
4	盘型制动单元及闸片检修	（1）目视检查制动单元外观，应无裂纹，无损伤；手动检查安装紧固件，应无松动；耳听各管路、接头处，应无漏风。 （2）目视检查闸片、闸片托，要求：安装良好，闸片贴紧轮盘；锁铁处于自锁弹簧的自锁位置，无干涉与卡滞现象。 （3）手动检查自锁弹簧，应无松动。 （4）目视检查停放制动手动缓解拉手、弹簧卡、定位销，应安装牢固、无损坏 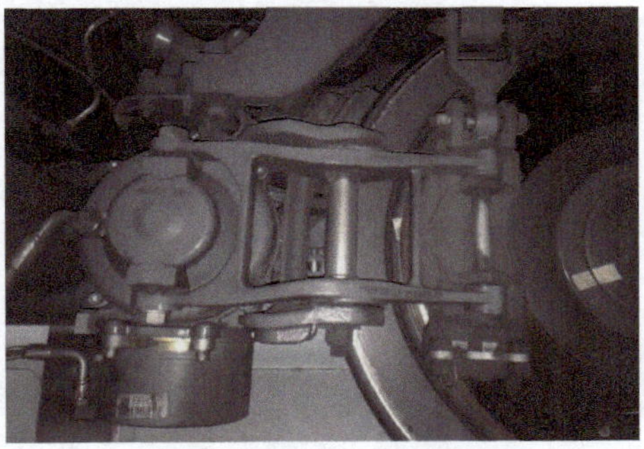
5	踏面清扫装置检修	（1）目视检查研磨子表面，应无金属镶嵌物产生，无异常磨耗；手动检查研磨子与车轮踏面间隙，正常范围为18～30 mm，研磨子剩余厚度在刻度线以上，剩余厚度大于11 mm。 （2）手动检查踏面清扫装置，应安装紧固、无松动。 （3）目视检查橡胶波纹管，应无破损、无脱落 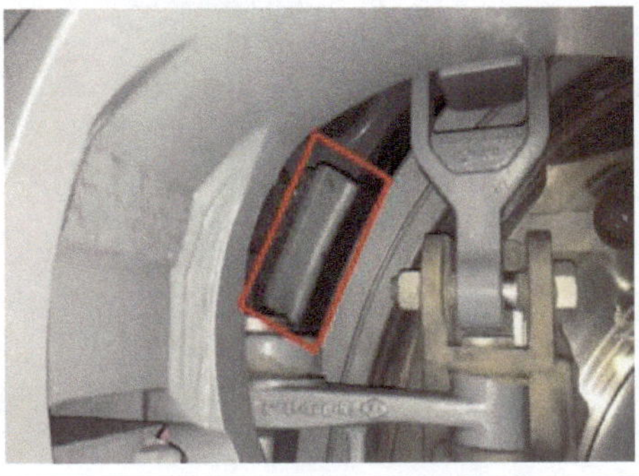

续表

序号	作业项目	作业内容及图示
6	轴箱及一系悬挂装置检修	（1）目视检查，要求：紧固件防松线清晰、无错位，防松铁丝完好、无断裂，铅封完好。 （2）目视检查，要求：轴箱装置外观无异常，轴箱号清晰，轴箱铭牌无断裂、缺失。 （3）目视检查，要求：垂向油压减振器外观无损伤，无变形，无漏油。 （4）目视检查，要求：钢簧及橡胶垫外观无裂纹，无严重变形等异状。 （5）手动检查一系定位节点，要求：配合紧固，螺栓紧固无松动 
7	接地装置检修	（1）目视检查拖车接地装置，要求：外观无异常，接地电缆无断股，线号套管无裂纹。 （2）手动检查接地装置，应固定良好 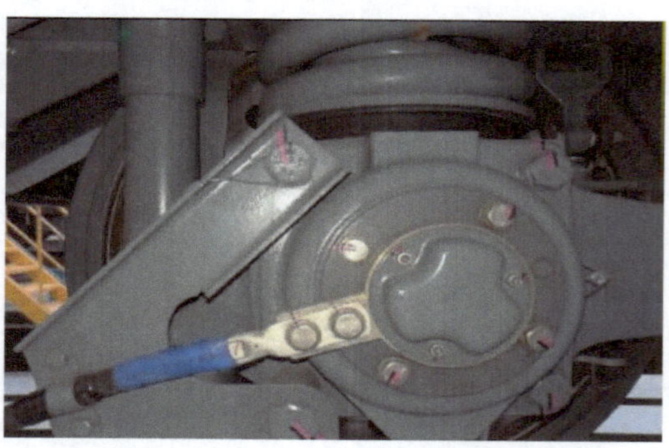

续表

序号	作业项目	作业内容及图示
8	二系悬挂装置检修	目视检查空气弹簧，应无异常鼓包、无破损；耳听检查，应无漏气声。 空气弹簧更换条件如下： 气囊裂纹（或划伤）：深度>1 mm。 气囊磨损：深度>1 mm 或帘线外露。 橡胶堆与金属件粘接面剥离：脱胶长度超过 1/3 周长，深度超过 10 mm。 鼓包：用针扎破鼓包部位，有空气泄漏。 橡胶堆表面发生龟裂：裂纹深度>5 mm 
9	高度调节阀检修	（1）目视检查高度调节阀，应无损伤、无变形，防松线清晰、无错位；转动高度调节杆，检查平衡杆与调节杆，应无松动。 （2）耳听检查高度调节阀，应无漏气声 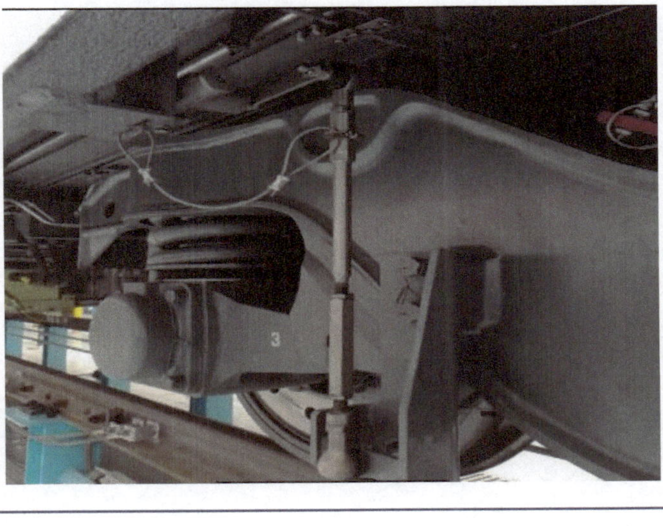

任务评价

见表 5-6。

表 5-6 转向架月检任务评价表

课程名称				
任务名称				
组长		组员		
实训地点		日期		
职业素养互评				
评价内容	评价结果			
	A（优）	B（良）	C（中）	D（差）
（1）操作过程中问题记录及纠错情况				
（2）小组成员合作互助情况				
（3）个人防护用品穿戴情况				
（4）操作完毕后工位整理情况				
（5）有无改进、创新的动作				
专业技能评价				
评价内容	评价结果			
	A（优）	B（良）	C（中）	D（差）
（1）转向架月检工具使用熟练度				
（2）转向架月检结果正确度				
（3）转向架月检步骤完整度				
综合评价				

任务5.3 轮对尺寸测量

教学目标

1. 知识目标

(1) 轮对尺寸的重要性

① 学习轮对尺寸（如直径、宽度、内侧距等）的标准和技术要求。

② 理解轮对尺寸对列车运行安全性、稳定性和运行性能的影响。

(2) 测量工具及其使用

① 了解第四种检查器和轮对内距尺的结构、功能和使用方法。

② 学习测量过程中需要遵循的标准和注意事项。

(3) 测量数据的处理与分析

① 学习如何记录和处理测量数据，包括如何判断测量结果是否在标准范围内。

② 了解常见尺寸异常的原因及其处理方法。

2. 能力目标

(1) 尺寸测量能力

① 能够熟练使用第四种检查器进行车轮尺寸的测量，并确保测量的准确性。

② 能够使用轮对内距尺测量轮对内侧距，正确判断测量结果。

(2) 数据记录与分析能力

① 能够准确记录测量数据，形成系统的测量报告。

② 学会分析测量结果，判断是否符合标准，并提出维护建议。

(3) 故障判断与处理能力

① 能够识别轮对尺寸异常，初步判断可能的故障原因。

② 学会提出合理的处理建议，确保轮对的安全和可靠性。

(4) 规范使用工具的能力

① 在测量过程中能够正确、规范地使用测量工具，确保测量结果准确、工具安全。

② 理解工具使用中的安全注意事项，确保自身和他人的安全。

3. 素质目标

(1) 安全意识与责任感

① 在进行测量作业时，保持安全意识，确保自身和他人的安全。

② 对测量结果负责，认真对待每一个环节，及时发现问题、报告问题。

(2) 细致与耐心的工作态度

① 在进行尺寸测量时，应注重细节，确保每个操作步骤的准确性。

② 遇到问题时，应保持耐心，细致分析并寻找解决方案。

(3) 团队合作与沟通能力

① 在小组学习和实践中，能够积极沟通与合作，分享测量经验和技巧。

② 学会倾听他人的意见，以提高整体测量的效率和准确性。

(4) 主动学习与探索精神

① 鼓励学生在课外主动学习相关知识，了解轮对测量的最新技术和维护方法。

② 积极探索测量技术的改进与优化方向，培养创新思维。

学习难点与重点

1. 学习难点

(1) 测量技术的复杂性

① 学生在使用测量工具时可能会遇到技术难题，特别是对工具操作不熟练时。

② 需要通过反复练习和指导来提升测量能力。

(2) 数据分析的要求

① 学生可能在判断和分析测量数据时感到困难，需要具备一定的逻辑思维能力。

② 需要通过案例分析和实际操作来提升分析能力。

(3) 标准理解的准确性

① 对轮对尺寸标准的理解可能存在偏差，导致测量结果不准确。

② 需要通过学习和讨论来加强对标准的认识。

2. 学习重点

(1) 轮对尺寸测量的标准与方法

① 重点掌握轮对各尺寸的标准、测量方法及测量注意事项。

② 学习如何使用第四种检查器和轮对内距尺进行准确测量。

(2) 数据的准确记录与分析

① 理解如何系统地记录测量数据，并根据标准对所测数据进行分析。

② 学习如何判断测量结果的合格与否，并进行相应的后续处理。

(3) 故障识别能力

① 强调对轮对尺寸异常的识别，培养故障判断的基本思路。

② 学习如何在测量中发现潜在问题并提出解决方案。

任务说明

<table>
<tr><td>作业任务</td><td>轮对尺寸测量</td><td>供电条件</td><td>断电</td><td rowspan="2">二维码</td><td rowspan="2"></td></tr>
<tr><td>作业人数</td><td>2</td><td>作业时间</td><td>15 min</td></tr>
<tr><td>人员分工</td><td colspan="5">1. 2人一组，一人进行测量，一人检查测量规范性。待全部数据测量完毕后，互换角色。
2. 测量后，须根据测量情况进行互检确认，完成相关数据的填写</td></tr>
<tr><td>安全注意事项</td><td colspan="5">1. 测量前，正确佩戴安全帽、劳保手套。
2. 测量时，注意地面情况，确保不被绊倒，严禁在实训室追逐打闹。
3. 严格按照测量规范进行测量操作</td></tr>
<tr><td>备注</td><td colspan="5">1. 测量完成后，正确填写实训报告。
2. 如遇问题，小组内部先互相讨论，并记录问题，然后问教师</td></tr>
</table>

任务准备

用品准备（见表5-7）

表5-7　任务5.3用品清单

类别	序号	名称	规格型号	数量	单位	备注
工量具	1	第四种检查器	LLJ-4A	2	把	
	2	轮对内距尺	通用	2	把	
个人防护用品	1	安全帽	通用	2	个	
	2	劳保鞋	通用	2	双	
	3	劳保手套	通用	2	双	

任务实施

见表 5-8。

表 5-8　转向架尺寸测量操作指导

序号	作业项目	作业内容及图示
1	检查测量工具状态	目视检查轮对内距尺、第四种检查器，要求：各刻度线清晰，各锁紧螺钉无缺失；手动检查副尺，应能正常滑动，锁紧螺钉能够正常作用 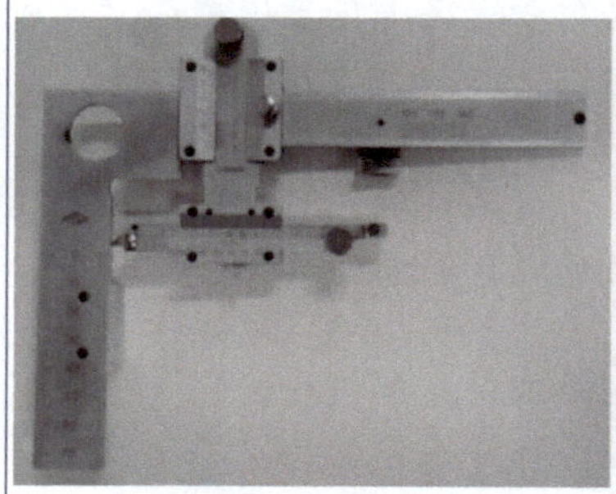 
2	踏面圆周磨耗测量	（1）将踏面磨耗测尺尺框背面滚动圆刻线与主尺背面滚动圆刻线对正，拧紧踏面圆周磨耗尺框紧固螺钉。 （2）将检查器置于车轮上，并将垂直边和定位角紧靠车轮内侧面，尺平面处于车轮直径方向。 （3）下推踏面磨耗测尺，使其测头接触车轮踏面。 （4）读出踏面圆周磨耗测尺上面刻线与踏面圆周磨耗尺框刻线相重合的数值，此数值即为踏面圆周磨耗值 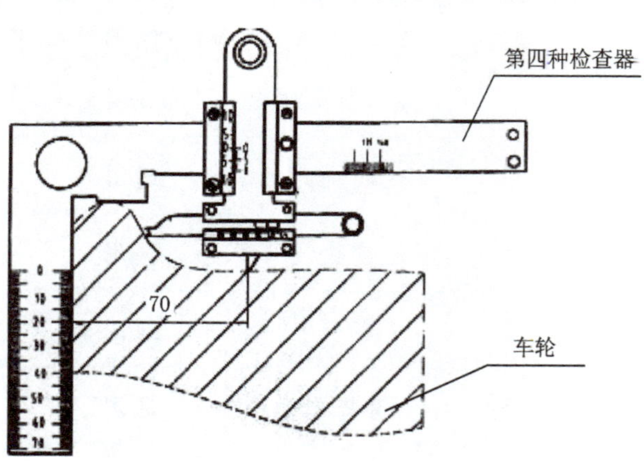

续表

序号	作业项目	作业内容及图示
3	轮缘厚度尺寸测量	（1）完成踏面圆周磨耗测量后，检查器不动，向左推动轮缘厚度测尺，使其测头接触轮缘。 （2）读取轮缘厚度测尺上面主刻线与轮缘厚度尺框刻线相重合的数值，即为轮缘厚度值 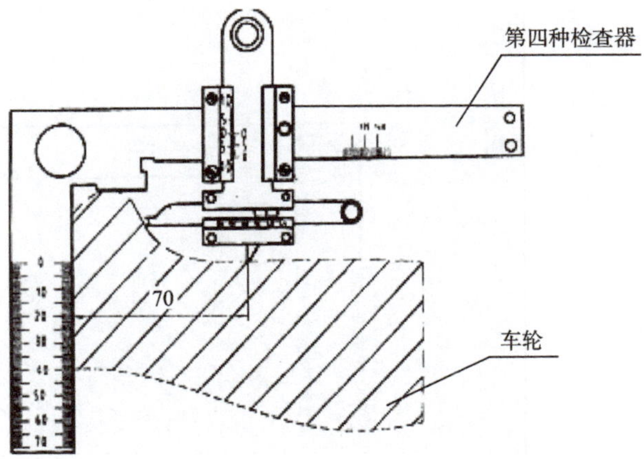
4	轮辋宽度尺寸测量	（1）将踏面圆周磨耗测尺尺框推至轮辋宽度测尺附近。 （2）向下推动踏面圆周磨耗测尺，使其测头越过踏面。 （3）向左推动踏面圆周磨耗尺尺框，使下部测头贴靠（或指向）车轮外侧面。 （4）读取踏面圆周磨耗测尺尺框左侧面对应轮辋宽度测尺的数值，即为轮辋宽度 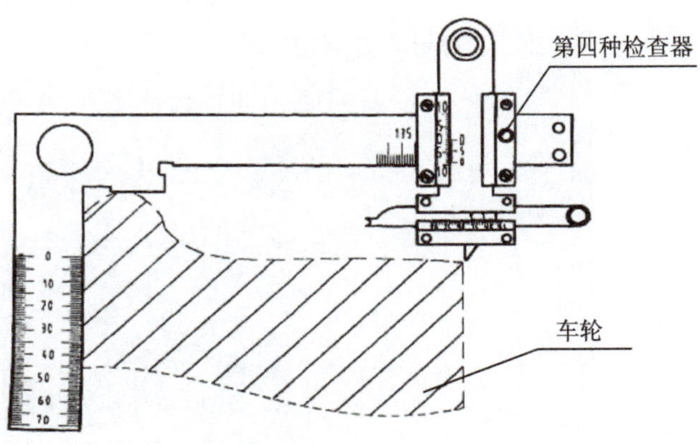

续表

<table>
<tr><th>序号</th><th>作业项目</th><th>作业内容及图示</th></tr>
<tr><td>5</td><td>轮辋厚度尺寸测量</td><td>（1）将检查器置于车轮上，并将垂直边和定位角铁紧靠于车轮内侧面，尺平面处于车轮直径方向。
（2）先测出踏面圆周磨耗深度，记作 D。
（3）从轮辋厚度测尺与轮辋内径密贴处读出数值，记作 C。
（4）计算轮辋厚度值 $E=C-D$
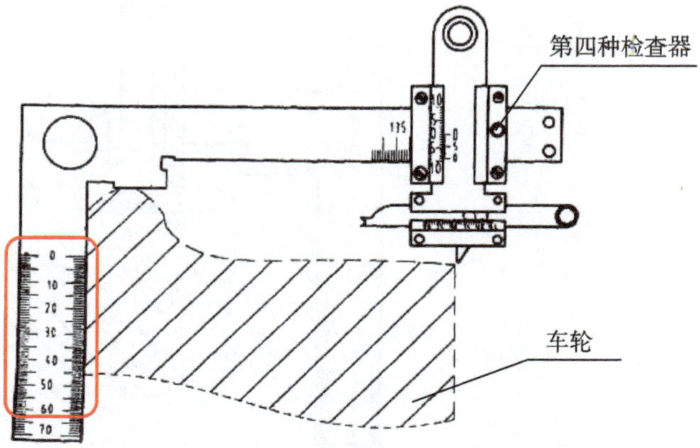</td></tr>
<tr><td>6</td><td>踏面擦伤深度尺寸测量</td><td>（1）将检查器置于车轮上，并将其垂直边和定位角紧靠车轮内侧面，尺平面处于车轮直径方向。
（2）推动踏面圆周磨耗测尺尺框在水平边上左右移动，使踏面圆周磨耗测尺测头对准并下移至接触擦伤或剥离的最深处。
（3）读出此时踏面圆周磨耗尺上面刻线与踏面圆周磨耗尺框相重合的数值，记作 A。
（4）再沿同一圆周方向移动检查器，测未擦伤或剥离处尺寸，记作 B。
（5）计算踏面擦伤深度 $S=A-B$
</td></tr>
</table>

续表

序号	作业项目	作业内容及图示
7	轮对内侧距尺寸测量	（1）将定位钩放在车轮轮缘上，轮对内距尺的固定测头和活动测头靠在被测车轮内侧。 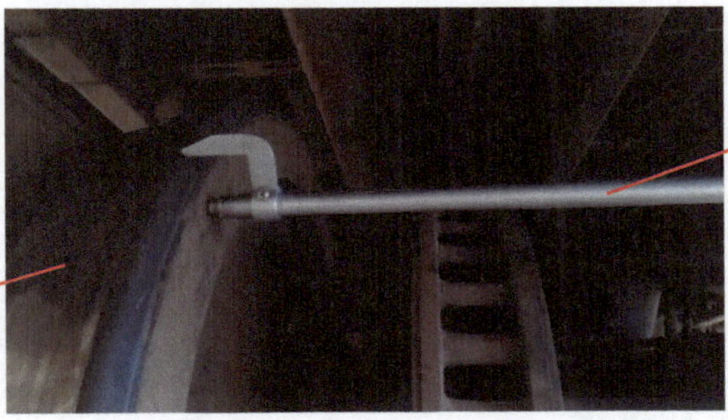 （2）摆动活动测头，寻找读数拐点及最小读数。当读数最小值时，即为被测轮对内侧距。要求：测量3个点，平均每120°测量一次 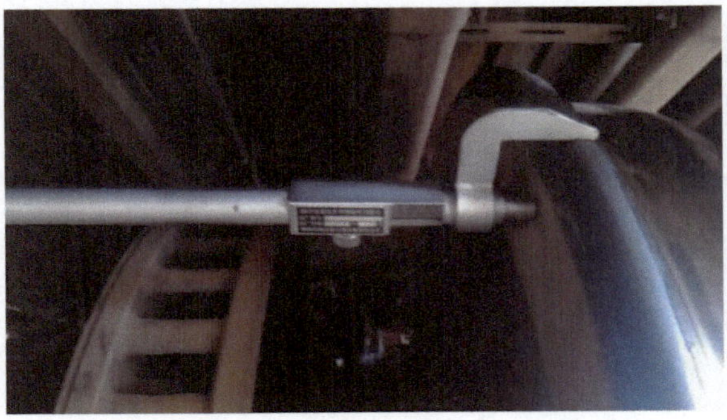

任务评价

见表 5-9。

表 5-9　轮对尺寸测量任务评价表

<table>
<tr><td>课程名称</td><td colspan="4"></td></tr>
<tr><td>任务名称</td><td colspan="4"></td></tr>
<tr><td>组长</td><td colspan="2"></td><td>组员</td><td></td></tr>
<tr><td>实训地点</td><td colspan="2"></td><td>日期</td><td></td></tr>
<tr><td colspan="5">职业素养互评</td></tr>
<tr><td rowspan="2">评价内容</td><td colspan="4">评价结果</td></tr>
<tr><td>A（优）</td><td>B（良）</td><td>C（中）</td><td>D（差）</td></tr>
<tr><td>（1）操作过程中问题记录及纠错情况</td><td></td><td></td><td></td><td></td></tr>
<tr><td>（2）小组成员合作互助情况</td><td></td><td></td><td></td><td></td></tr>
<tr><td>（3）个人防护用品穿戴情况</td><td></td><td></td><td></td><td></td></tr>
<tr><td>（4）操作完毕后工位整理情况</td><td></td><td></td><td></td><td></td></tr>
<tr><td>（5）有无改进、创新的动作</td><td></td><td></td><td></td><td></td></tr>
<tr><td colspan="5">专业技能评价</td></tr>
<tr><td rowspan="2">评价内容</td><td colspan="4">评价结果</td></tr>
<tr><td>A（优）</td><td>B（良）</td><td>C（中）</td><td>D（差）</td></tr>
<tr><td>（1）轮对尺寸测量工具使用熟练度</td><td></td><td></td><td></td><td></td></tr>
<tr><td>（2）轮对尺寸测量结果正确度</td><td></td><td></td><td></td><td></td></tr>
<tr><td>（3）轮对尺寸测量步骤完整度</td><td></td><td></td><td></td><td></td></tr>
<tr><td>综合评价</td><td colspan="4"></td></tr>
</table>

能力拓展

请利用智慧职教城市轨道交通、智慧树在线课程等数字化资源，以及转向架检修相关书籍材料完成以下任务：

以小组为单位，扮演转向架检修员，按照检修作业指导书，完成转向架测量标准化作业，并录制成视频。

拓展阅读

铁屑毫米虽小，安全隐患重大

2012 年，成都地铁在对电客车的一次例行检查中，一个不到 1 mm 的细小铁屑，混杂在齿轮箱磁性油堵正常的磨耗铁粉当中，大家对比了齿轮箱油的颜色，进行了相应的检查之后没有发现异常，认为没有问题。作为有着 20 年机车转向架检查经验的老师傅，毕东云认为这个细小的铁屑一定不寻常，但是反复检查都没有结果。这时候，他借来了医用内窥镜，通过齿轮箱加油口对齿轮啮合面进行逐一排查，最终发现齿轮箱大齿轮啮合面存在剥离现象。这让同事们纷纷夸赞毕东云的细心和坚持，但毕东云并没有停下来，他敏锐地感觉到，这个故障不像偶发故障。毕东云的怀疑是正确的，当对 17 列正在运营的电客车进行普查之后发现，共有 21 个齿轮箱存在不同程度的剥离故障。查明原因后，成都地铁更换了所有故障齿轮箱。齿轮箱齿轮表面剥离，这个听起来不太好理解的问题，如果没被发现，会有什么后果？会造成正线运营中断清客，甚至造成脱轨等恶性事故。

保驾护航，不只是说说而已。心里，装不下一点瑕疵，眼中，容不得一丝异常。用这句话来形容毕师傅，再合适不过了。毕东云凭借一个不到 1 mm 的细小铁屑，避免了地铁重大安全事故的发生。这只是毕东云几千个日夜检修工作的一次，进入地铁 9 年以来，经他检修的 1100 多列地铁车辆，从未发生过正线运营故障。凭着傲人业绩，毕东云等 11 位成都地铁人获评“成都工匠”殊荣！

议一议

1. 总结毕东云在成都地铁保驾护航方面做出的贡献。
2. 如果你能有幸加入毕东云团队，你会如何规划自己的职业生涯？

项目6 整车里程检虚拟仿真

- 任务6.1　虚拟仿真实训系统认知
- 任务6.2　城轨车辆虚拟仿真里程检作业

项目介绍

本项目通过计算机上的虚拟仿真软件，为学生提供了一个真实、安全的城轨车辆检修环境。学生将按标准流程，完成城轨车辆里程检作业，包括外观检查、功能测试和数据记录等。通过本项目的学习，让学生在虚拟环境中掌握里程检操作步骤和规范，提高故障识别能力和数据记录能力，增强职业素养，为未来的实车检修打下扎实的实践基础。

实训室使用注意事项

1. 劳动委员安排值日生每日在操作前进行实训室开窗通风。
2. 实训室严禁吸烟、吃零食。
3. 实训期间严禁追逐打闹、高声喊叫。
4. 实训前清点工量具，有数量和状态问题及时上报教师。
5. 实训期间工具整齐摆放，取用后原位放回。
6. 女生头发必须扎好。
7. 实训结束后，劳动委员安排值日生打扫卫生，待教师检查合格后方可离开。
8. 实训结束后，学生检查设备状态，有问题及时上报教师。

备注

（1）每次任务完成后，按时填写实训报告。

（2）如遇问题，小组内部先互相讨论，并记录问题，然后询问教师。

任务6.1 虚拟仿真实训系统认知

教学目标

1. 知识目标

(1) 熟练掌握虚拟仿真软件中的工具使用方法和操作流程。

(2) 能学会使用虚拟仿真软件的操作界面、工具菜单和设备模型。

(3) 能独立完成虚拟仿真中的数据录入、设备状态监控和系统操作。

2. 能力目标

(1) 能学会运用虚拟仿真软件的检测结果进行系统分析。

(2) 能正确判定制动系统、转向架和电气设备的检查要点是否符合要求。

(3) 能正确选择检修工具、测量工具，如游标卡尺、钢卷尺等完成数据测量。

(4) 能通过虚拟仿真软件监测运行数据，判断设备的健康状态。

3. 素质目标

(1) 树立正确的学习和工作态度。

(2) 建立安全意识和质量保证意识。

(3) 通过练习发现问题并主动改进，提高自身专业水平。

(4) 在仿真中模拟紧急情况的处理，锻炼应急反应能力。

学习难点与重点

1. 学习难点

虚拟仿真软件的规范性操作及软件基本功能认知。

2. 学习重点

城轨车辆日检作业所需工具及检修要求。

任务说明

作业任务	虚拟仿真实训系统认知	供电条件	断电	二维码	
作业人数	30	作业时间	20 min		
作业内容	1. 每人独立打开虚拟仿真软件并完成城轨车辆虚拟仿真实训系统学习。 2. 能根据虚拟仿真软件提示完成城轨车辆模拟仿真实训系统认知学习。 3. 能复述日检时检修各部件的常用工具。 4. 能复述日检时检修各部件的特殊工具				
安全注意事项	1. 严格遵守实训室安全管理相关规定。 2. 操作前，正确使用电源。 3. 操作过程中，不允许追逐打闹，严格按照实训室教师安排进行认知操作。 4. 操作过程中，工具选用正确				

任务准备

1. 知识准备

学生操作前，需要扫描二维码，观看操作视频。

2. 操作准备

学生在操作前，需要阅读实训室使用注意事项和工作任务安全注意事项。

3. 用品准备（见表 6-1）

表 6-1　任务 6.1 用品清单

类别	序号	名称	规格型号	数量	单位	备注
通用工具	1	计算机	通用	30	台	
	2	鼠标	通用	30	个	
个人防护用品	1	安全帽	通用	30	个	
	2	劳保鞋	通用	30	双	
	3	劳保手套	通用	30	双	

任务实施

见表6-2。

表6-2　虚拟仿真实训系统认知操作指导

序号	作业项目	作业内容及图示
1	打开软件	待教师明确学习任务后，双击实训系统图标进入桌面城轨整车模拟仿真实训系统 
2	进入软件	单击“进入”按钮 

续表

序号	作业项目	作业内容及图示
3	进入场景模拟界面	单击“场景模拟”图标 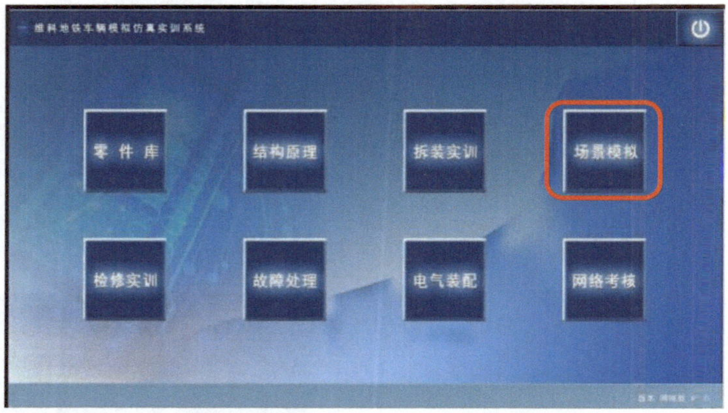
4	进入车辆日检界面	单击“车辆日检”图标 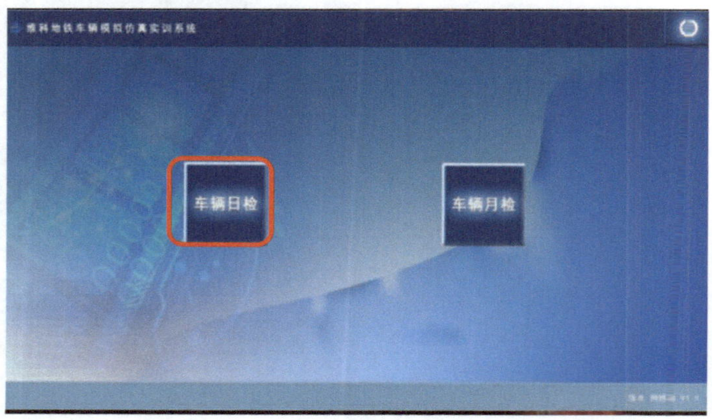
5	登录软件	在班级和姓名或学号文本框中输入自己相应的信息，然后单击“练习模式”，等待登录软件 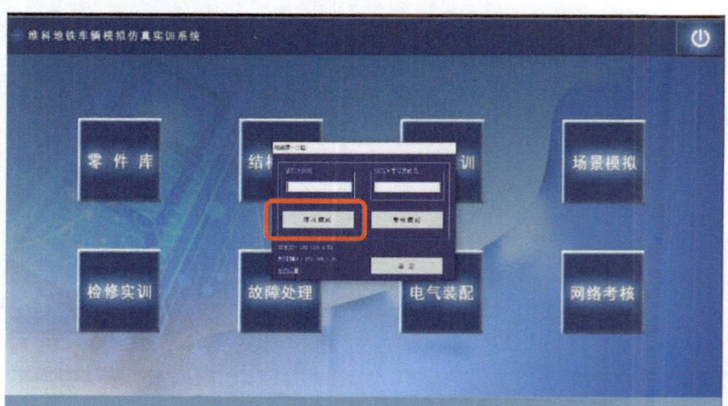

续表

序号	作业项目	作业内容及图示
6	日检作业移动操作	成功登录后，按“Ctrl+空格键”切换输入法，按 w 键向前走，按 s 键向后走，按 a 键向左走，按 d 键向右走，也可用上、下、左、右箭头按键控制方向。按键 q 键可以实现加速，快速接近目标位置 
7	作业内容选择切换	单击作业内容，可切换查看车底、车侧、车内检查作业内容 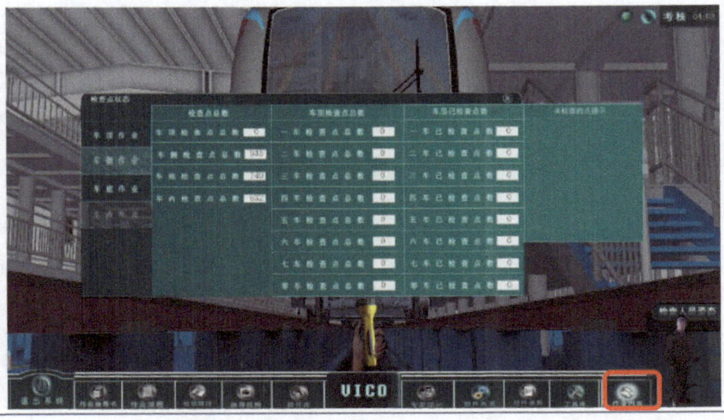
8	日检作业项点判定	将鼠标光标移动至检查点后，会出现检查点名称，此时右击鼠标后再单击鼠标左键，可进入状态选择页面 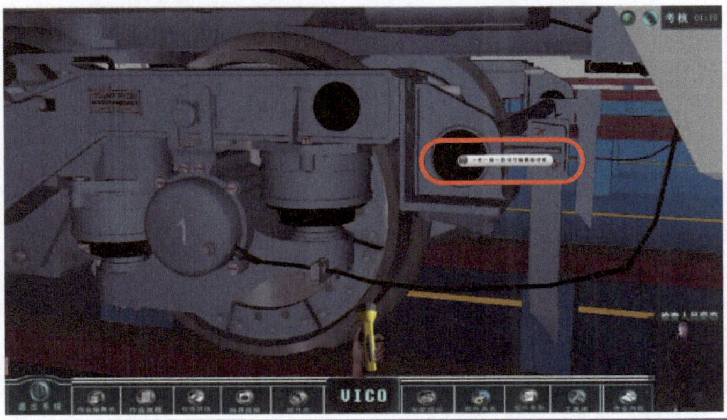

续表

序号	作业项目	作业内容及图示
9	日检作业故障判定	根据检查点的实际状态，选取对应的文字，单击鼠标确认 
10	部件常亮	部件常亮状态下，可以显示已检查部件（标红）和未检查部件（标绿） 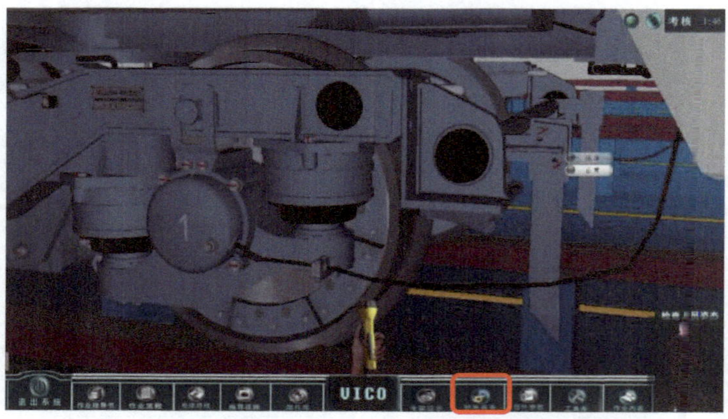

任务评价

见表6-3。

表6-3　虚拟仿真实训系统认知任务评价表

课程名称				
任务名称				
组长		组员		
实训地点		日期		
职业素养互评				
评价内容	评价结果			
	A（优）	B（良）	C（中）	D（差）
（1）操作过程中问题记录及纠错情况				
（2）小组成员合作互助情况				
（3）个人工作台整洁情况				
（4）操作完毕后工位整理情况				
（5）有无改进、创新的动作				
专业技能评价				
评价内容	评价结果			
	A（优）	B（良）	C（中）	D（差）
（1）软件操作的正确率及时效性				
（2）为不同检修项点选择工具的正确性				
（3）使用软件提示进行判定的正确性				
（4）使用软件进行移动操作的正确性				
（5）使用软件进行作业任务切换的正确性				
综合评价				

任务6.2 城轨车辆虚拟仿真里程检作业

教学目标

1. 知识目标

（1）能根据软件提示区分城轨车辆设备的用途。

（2）能复述里程检的主要项目：电气系统、空气制动系统、转向架、车门、车体设备等。

（3）能初步认知并熟悉制动系统、转向架和电气系统的性能指标和常见问题。

（4）能掌握设备检查的判断标准，如制动片厚度限值、齿轮油位等。

2. 能力目标

（1）通过仿真能正确掌握制动系统、转向架和电气设备的检查数据测量方法。

（2）通过仿真中的团队模式，学习与他人协作完成复杂检修任务。

（3）通过仿真练习，学会在发现问题后与团队成员交流，并提出合理的解决方案。

3. 素质目标

（1）树立正确的学习和工作态度。

（2）建立安全意识和质量保证意识。

（3）通过练习发现问题并主动改进，提高自身专业水平。

（4）在仿真中模拟紧急情况的处理，锻炼应急反应能力。

学习难点与重点

1. 学习难点

掌握城轨车辆里程检的标准流程，包括系统检查、数据记录、确认与归档。

2. 学习重点

理解各个系统之间的关联性，确保检修结果全面可靠。

任务说明

<table>
<tr><td>作业任务</td><td>城轨车辆虚拟仿真里程检作业</td><td>供电条件</td><td>断电</td><td rowspan="2">二维码</td><td rowspan="2"></td></tr>
<tr><td>作业人数</td><td>30</td><td>作业时间</td><td>40 min</td></tr>
<tr><td>作业内容</td><td colspan="5">1. 每人独立打开仿真软件并完成城轨车辆模拟仿真实训系统学习。
2. 能根据虚拟仿真软件的提示完成城轨车辆里程检。</td></tr>
<tr><td>安全注意事项</td><td colspan="5">1. 严格遵守实训室安全管理相关规定。
2. 操作前，正确使用电源。
3. 操作过程中，不允许追逐打闹，严格按照实训室教师安排进行操作。
4. 操作过程中，工具选用正确</td></tr>
</table>

任务准备

1. 知识准备

操作前，需要扫描二维码，观看操作视频。

2. 操作准备

在操作前，需要阅读实训室使用注意事项和工作任务安全注意事项。

3. 用品准备（见表6-4）

表6-4 任务6.2 用品清单

类别	序号	名称	规格型号	数量	单位	备注
通用工具	1	计算机	通用	30	台	
	2	鼠标	通用	30	个	
个人防护用品	1	安全帽	通用	30	个	
	2	劳保鞋	通用	30	双	
	3	劳保手套	通用	30	双	

任务实施

见表6-5。

表6-5　城轨车辆虚拟仿真里程检作业操作指导

序号	作业项目	作业内容及图示
1	检修路线	单击“检修路线”图标，进行检修路线学习  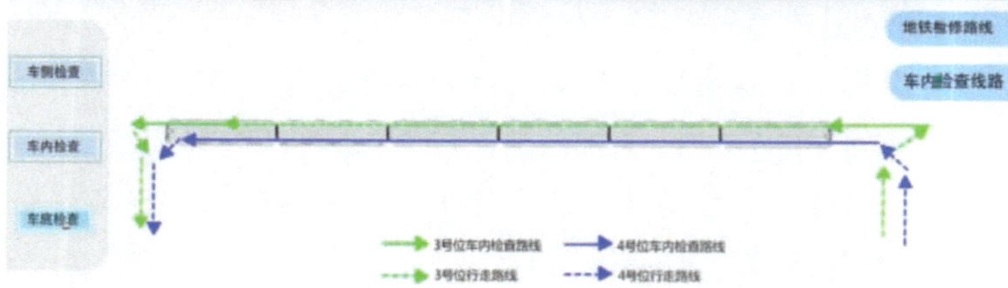
2	作业流程	单击“作业流程”图标，进行作业流程学习 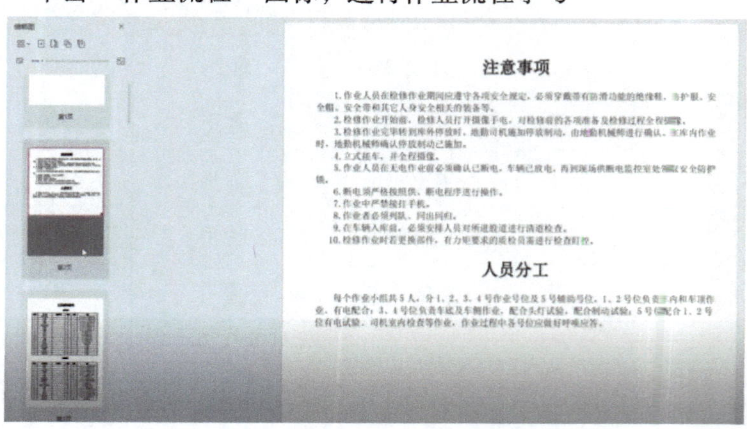

续表

序号	作业项目	作业内容及图示
3	作业指导书	单击“作业指导书”图标，进行作业指导书学习 
4	车侧故障判定	走近车侧，对检修项点进行故障判定 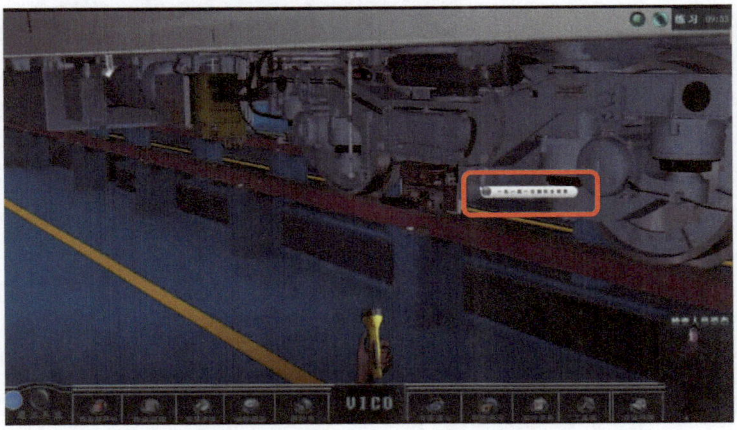
5	车底故障判定	走近车底，对检修项点进行故障判定 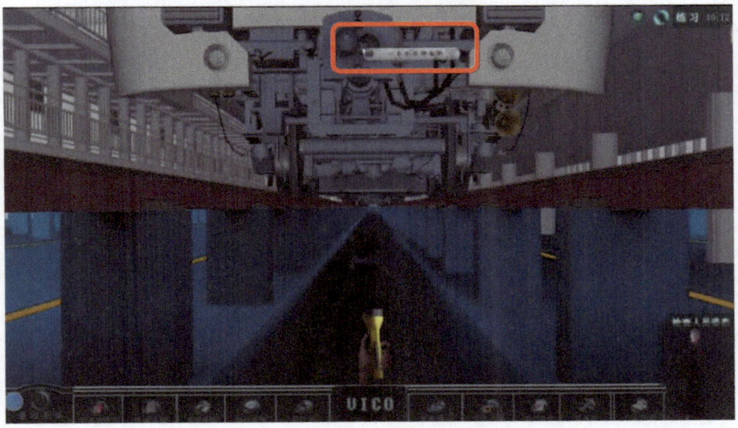

续表

序号	作业项目	作业内容及图示
6	车内故障判定	走进车内，对检修项点进行故障判定 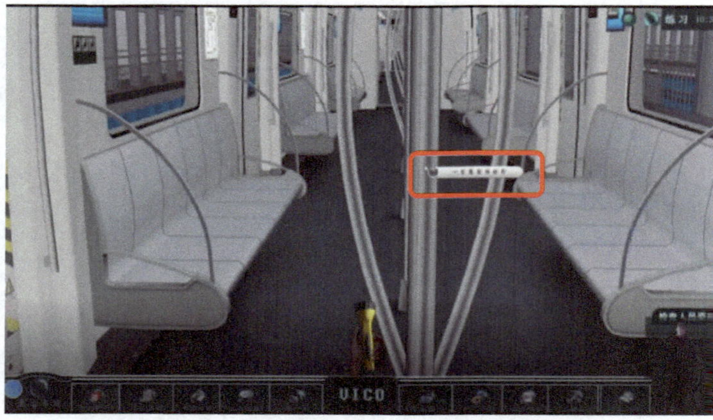
7	指导视频	单击左下角“指导视频”图标，进行指导视频学习 

任务评价

见表6-6。

表6-6　城轨车辆虚拟仿真里程检作业任务评价表

<table>
<tr><td>课程名称</td><td colspan="4"></td></tr>
<tr><td>任务名称</td><td colspan="4"></td></tr>
<tr><td>组长</td><td colspan="2"></td><td>组员</td><td></td></tr>
<tr><td>实训地点</td><td colspan="2"></td><td>日期</td><td></td></tr>
<tr><td colspan="5">职业素养互评</td></tr>
<tr><td rowspan="2">评价内容</td><td colspan="4">评价结果</td></tr>
<tr><td>A（优）</td><td>B（良）</td><td>C（中）</td><td>D（差）</td></tr>
<tr><td>（1）操作过程中问题记录及纠错情况</td><td></td><td></td><td></td><td></td></tr>
<tr><td>（2）小组成员合作互助情况</td><td></td><td></td><td></td><td></td></tr>
<tr><td>（3）个人工作台整洁情况</td><td></td><td></td><td></td><td></td></tr>
<tr><td>（4）操作完毕后工位整理情况</td><td></td><td></td><td></td><td></td></tr>
<tr><td>（5）有无改进、创新的动作</td><td></td><td></td><td></td><td></td></tr>
<tr><td colspan="5">专业技能评价</td></tr>
<tr><td rowspan="2">评价内容</td><td colspan="4">评价结果</td></tr>
<tr><td>A（优）</td><td>B（良）</td><td>C（中）</td><td>D（差）</td></tr>
<tr><td>（1）软件操作的正确率及时效性</td><td></td><td></td><td></td><td></td></tr>
<tr><td>（2）不同检修项点工具选择正确性</td><td></td><td></td><td></td><td></td></tr>
<tr><td>（3）使用软件提示进行判定的正确性</td><td></td><td></td><td></td><td></td></tr>
<tr><td>（4）使用软件进行移动操作的正确性</td><td></td><td></td><td></td><td></td></tr>
<tr><td>（5）使用软件进行作业任务切换的正确性</td><td></td><td></td><td></td><td></td></tr>
<tr><td>综合评价</td><td colspan="4"></td></tr>
</table>

能力拓展

总结归纳常见故障类型，用 Excel 工作表列出各个零部件的常见故障。

拓展阅读

案例一：孙树旗——“地铁中枢神经”的守护者

孙树旗是天津地铁信号系统的资深维护专家，他致力于保障地铁信号设备的稳定运行，编写了多项技术规范和操作手册。他研发的信号电源故障报警装置获得了技术创新奖，为地铁的安全运营贡献了重要力量。他还注重培养年轻人，组织培训百人次，帮助多个徒弟成长为工区负责人。他的工匠精神体现为专注、敬业和持续创新，他强调爱岗敬业与职业担当，既耐得住寂寞，又勇于挑战技术难题。

案例二：杜峰——突破技术封锁的技术能手

杜峰是北京地铁7号线的一名检修专家，他凭借扎实的技术功底攻克了多功能车辆总线门控器的网络故障问题，不仅大幅降低了维修成本，而且还提升了效率。他通过自学和实践攻坚，成功实现芯片级维修，节约了上百万元。他还抓住与外国专家合作的机会，潜心研究列车网络控制系统，掌握了核心技术，提升了车辆检修的自主化能力。他始终秉承“责任至上”的理念，带领团队确保列车运行安全，同时毫无保留地传授技术经验，为团队建设注入持续动力。

议一议

1. 案例一和案例二展现的两位工匠都有哪些共同优点？
2. 你觉得哪些素养是工匠必须具备的？

附录A

实训报告

实训项目：

班级：　　　　姓名：　　　　学号：　　　　时间：

一、实训名称

二、实训仪器、设备、工具

三、实训步骤及结果

四、实训分析与体会

五、教师评价

序号	项点	优	良	中	差
1	工作流程的标准程度				
2	工作完成质量				
3	完整的行动过程				
4	作业后清扫情况				
5	团队分工合作情况				

指导教师签字：　　　　日期：